papas

koch　　　　philosophie

buch

Ein Koch- und Philosophiebuch
des
sozialen Hedonismus
von
Volker Hoffmann

Für Mira, Till und Ulla

Inhaltsverzeichnis

71	**Rezepte**	Zube rei tungs zeit	Ar beits zeit
	Aubergine → Mediterranes Gemüse aus dem Backofen		
71	Auberginen mit Gehacktes und Bandnudeln	30	30
72	Auberginenauflauf mit Kartoffeln und Rindergehacktes	45	30
74	Blumenkohl, überbacken	25	10
75	Blumenkohl	25	10
76	Bratkartoffeln aus gekochten Kartoffeln	40	15
76	Bratkartoffeln aus rohen Kartoffeln	35	15
77	Bratwurst, frische, grobe	15	2
78	Brokkoli Auflauf	30	15
78	Brokkoli mit rohem Schinken und Fussili	30	15
81	Champignons mit Schweinefilet und Bandnudeln	30	15
81	Chicoréesalat	15	15
82	Chicorée überbacken	35	10
82	Coq au Vin	55	20
84	Couscous mit Rindfleisch und Gemüse	55	35

86	Dicke Bohnen	40	15
	Dippelappes → Kesselskuchen		
86	Fenchel, überbacken mit Cabanossi	45	15
87	Fenchel mit gekochten Eiern und Kartoffeln in Senfsoße	40	15
88	Fischfilet in Senf Dill Soße	35	15
89	Fischfilet im Gemüsebett	35	10
91	Frikadellen	30	15
91	Gazpacho	1 Tag	10
92	Griechischer Salat	20	15
93	Grüne Bohnen	45	20
94	Grünkohl mit Cabanossi und Kassler	45	20
95	Gulasch vom Rind	45	20
96	Gulasch vom Schwein	45	15
	Hähnchen → Coq au Vin → Reispfanne	60	15
97	Hähnchen- oder Putenstücke, kurz gebraten	10	15
	Kabeljau → Fischfilet		
98	Kalbskoteletts	20	15
	Kartoffel → Bratkartoffeln → Kesselskuchen → Reibekuchen		
98	Kartoffelbrei	35	15
99	Kartoffelgratin	60	15

	Kassler → Grünkohl → Szegediner Gulasch		
100	Kesselskuchen	60	15
101	Kohlrabi	30	15
101	Kohlroulade	30	10
	Krabben → Paprika		
102	Lachs mit Spinat und Bandnudeln	25-35	5-15
103	Lammkoteletts	20	5
104	Lasagne mit Tomaten und Gehacktes	50	20
105	Lasagne mit Spinat und Lachs	45	5-15
107	Lauch Auflauf	35	15
108	Lauch mit Rindergeschnetzeltem in Currysauce	45	20
109	Linsensuppe	40	10
110	Mediterranes Gemüse aus dem Backofen	40	20
111	Merguez	12	3
111	Möhrengemüse	30	10
112	Muscheln, Miesmuscheln	35	15
	Nudeln → Aubergine → Champignons → Lasagne → Sauerkraut → Spaghetti → Zucchini		
113	Nudelsalat	40	20

	Paprika → Mediterranes Gemüse aus dem Backofen → Spaghetti		
114	Paprika, gefüllte	50	20
116	Paprika mit Chorizo und Eiern	30	10
117	Paprika mit Krabben und Bandnudeln	30	10
118	Pfifferlinge	50	40
	Pute → Hähnchenstücke → Reispfanne		
119	Reibekuchen	25	15
119	Reis	20	2
120	Reis, rot, inspiriert von Djuvecreis	25	5
120	Reispfanne mit Gemüse, asiatisch	40	20
121	Reispfanne mit Gemüse, deutsch	40	20
123	Rinderfilet eingelegt	15	5
124	Rinderfilet kurz gebraten	3 Tage	10
	Rindfleisch → Couscous → Gulasch → Tafelspitz		
125	Rinderroulade	50	15
126	Rosenkohl	50	20
127	Rote Beete Gemüse	60	15
128	Salzkartoffeln	35	6
129	Sauerkraut mit Kassler Gulasch und Spätzle,	30	10

	inspiriert von Szegediner Gulasch		
131	Schopskasalat	20	20
132	Schwarzwurzeln	50	20
	Schwein → Champignons → Zucchini → Gulasch		
	Seelachs → Fischfilet		
133	Selleriegemüse	35	10
133	Selleriesalat	20	20
133	Spaghetti Bolognese	30	10
135	Spaghetti Carbonara	30	10
137	Spaghetti mit Paprika und Gehacktes	30	10
138	Spargel weiß	40	20
	Spinat → Lasagne		
138	Spinat mit Gehacktem und Bandnudeln	30	10
140	Spitzkohl	40	10
141	Tafelspitz	105	5
	Tsatsiki → Zaziki		
	Tilapia → Fischfilet		
142	Tomaten Mozzarella Salat	20	20
143	Tomatensalat mit Schnittlauch	10	10
143	Weißkohl mit Rindergehacktes und Kartoffeln	35	15

145	Weißkohlsalat	15	15
146	Wirsing Auflauf	1 Tag	15
147	Zaziki	360	20
	Zucchini → Mediterranes Gemüse aus dem Backofen		
148	Zucchini mit Rindergehacktes und Bandnudeln	30	10
149	Zucchini mit Schweinefilet und Bandnudeln in Currysauce	30	10

Philosophie

Vorbemerkung

Eigentlich sollte der philosophische Teil nur ein recht kurzer Abschnitt über den Hedonismus des Kochens und Essens werden. Dann kam Corona und ich hatte viel Zeit. So ist es doch ein bisschen mehr geworden. Das hier ist keine neue Philosophie, sondern schlicht und einfach meine Philosophie, ziemlich eklektizistisch, wie man unschwer an dem folgenden Text erkennen kann, aber besser gut geklaut als schlecht erfunden. Und dann ist doch etwas neu: der soziale Hedonismus.

Gekocht wird keine Haute Cuisine. Die Zutaten sind problemlos in den Supermärkten dieses Landes erhältlich. Die Rezepte sind gut machbar und hoffentlich sehr lecker.

Hedonismus und Gesundheit

Grundlage ist der **Hedonismus**: Das Essen soll schmecken, die Lust am Essen soll befriedigt werden.

Nun will auch der Hedonist lange leben, zwar nicht um jeden Preis, aber doch solange es ihm selbst als lebenswert erscheint. Daher spielen an zweiter Stelle Gesundheitsaspekte eine Rolle. So sind meistens kohlehydrathaltige Lebensmittel in geringerem Mengen aufgeführt als in herkömmlichen Rezepten, Gemüse und Salat aber in größeren Mengen.

Ausnahmen bestätigen die Regel. Man denke nur an Reibekuchen. Da siegt der Hedonismus über die Gesundheit.

Auch beim Fett siegt der Hedonismus über die Gesundheit: Bspw. verstärkt Butter den Eigengeschmack von vielen Gemüsen, die Möhren schmecken mit Butter einfach möhriger und so ist Butter ein wichtiger Bestandteil dieses Kochbuchs.

Vielfalt

Der Fortschritt der Menschheit, sollte es tatsächlich einen geben, wird am ehesten erzielt, wenn sich viele unterschiedliche Menschen mischen und so viel Neues entsteht. So ist es auch beim Essen. Eine abwechslungsreiche, vielfältige Ernährung ist gesund und macht Lust aufs Essen. Im Umkehrschluss: Nichts ist schlimmer, als das Lieblingsgericht sieben Tage die Woche essen zu müssen. Denn dann entsteht die Gefahr einer Mangelernährung und man wird dem Lieblingsgericht auf Jahre mit Ekel begegnen.

Delikatessen

„Im heutigen Sprachgebrauch sind Delikatessen Speisen und Getränke, die durch einen besonderen Wohlgeschmack erfreuen".[1] Vor allzu leichtfertigem Glauben an Delikatessen möchte ich jedoch warnen. Denn allzu häufig bekommen Nahrungsmittel die Krone der Delikatesse nicht, weil sie besonders lecker sind, sondern nur, weil sie rar und in der Beschaffung teuer sind und sie sich deshalb viele Menschen nicht leisten können. Es ist halt so, dass die Reichen und Mächtigen stets besondere Zeichen ihrer besonderen Stellung brauchen wie der Fisch das Wasser zum Leben.

Allerdings ist im Herr-Knecht-Verhältnis nicht nur der Knecht ein Gefangener dieses Verhältnisses, sondern auch der Herr. Und so

---

[1] Delikatesse – Wikipedia. Eingesehen am 30.04.2020.

muss er für viel Geld z.B. Austern kaufen, dieses salzige, mit Zitrone aufgehübschte, glibbrige Etwas verzehren und es schließlich für delikat erklären. Er muss, um sein Herr-Sein zu bekunden, sich den Magen verrenken.

Ich bin überzeugt, wären Frikadellen so rar und teuer in der Beschaffung wie Austern, so würden sofort die Frikadellen von den Austern die Krone der Delikatesse bekommen.
Delikatessen sind also nur manchmal besonders lecker und oft nur ein Statussymbol von Macht und Reichtum.

Veganismus

Fleisch ist ein Genussmittel und wesentlicher Bestandteil der Rezepturen.

Gegen den Genuss von Fleisch wendet sich besonders radikal der Veganismus.

Im Wesentlichen führt der Veganismus vier Argumente gegen die Verwendung tierischer Produkte durch den Menschen an:

1. Leiden der Tiere
2. Gesundheit für den Menschen
3. Umweltaspekte
4. Hunger in der Welt

Zu 1.: Leiden der Tiere

Selbstverständlich sind Tiere, da sie leiden können, schützenswert. Und die Verminderung oder sogar komplette Vermeidung von Leid ist moralisch geboten. Soweit stimme ich den Veganern zu.

Der richtige Weg dafür ist aber die artgerechte Tierhaltung und nicht der Veganismus. Das möchte ich am Beispiel der Eierproduktion veranschaulichen:

Ein Argument, das Vegetarier überzeugen soll, Veganer zu werden, ist diese Eierproduktion: „Auch rund 50 Millionen männliche Küken müssen sich in Deutschland ihrem Schicksal fügen: Weil sie für die Eierproduktion nutzlos – wirtschaftlich unprofitabel – sind, werden sie unmittelbar nach dem Schlüpfen vergast oder geschreddert."[2] Das kann nun ein Ende finden. „Das Bundeslandwirtschaftsministerium in Berlin hatte es sich zum Ziel gesetzt, ab 2020 das routinemäßige Töten männlicher Küken zu beenden. Dafür sollten praxistaugliche technische Verfahren entwickelt werden. Nun gibt es ein erstes marktreifes Verfahren, das das Geschlecht eines Tieres noch im Brutei bestimmt. Jedem Ei wird durch ein Loch in der Schale etwas Flüssigkeit entnommen, ohne dass das Ei-Innere berührt wird."[3] Vergasen und Schreddern können damit der Vergangenheit angehören, also artgerechte Tierhaltung.

„Tierschützer (aber) kritisieren das Seleggt-Verfahren: Der Deutsche Tierschutzbund bemängelt, dass das Geschlecht der Küken erst zwischen dem achten und zehnten Bruttag bestimmt wird. Wissenschaftlich ist noch nicht eindeutig geklärt, ob die Embryos dann schon ein Schmerzempfinden haben. Ausgeschlossen wird dies derzeit nur vor dem siebten Bruttag. Deshalb lehnt der Deutsche Tierschutzbund die Seleggt-Methode ab."[4]

---

2 Veganismus Gründe: Warum vegan leben? Was sind die Gründe? Eingesehen am 16.04.2020.
3 "Respeggt": Das Ende des Kükenschredderns? | NDR.de - Nachrichten – Mecklenburg-Vorpommern. Eingesehen am 16.04.2020.
4 Ebda. Eingesehen am 16.04.2020.

Das ist in etwa so, als würde man die Impfung von Kindern bspw. gegen Diphterie oder Tetanus deshalb ablehenen, weil der Arzt beim Setzen der Spritze - „Vorsicht, jetzt kommt ein kleiner Pieks" - dem Kind Schmerzen zufügt. Und dabei ist der Schmerz dem Kind sicher, dem Tier aber nicht.

Hier wird ein mörderischer moralischer Absolutismus erkennbar, der die Tierschützer in eine Reihe mit anderen Fundamentalisten stellt, die Millionen von Menschen im Namen der wahren, reinen Lehre auf dem Gewissen haben – seien es bekehrende Christen, Islamisten oder auch Kommunisten. So wie Christen Tausende Indianer ermordeten, um deren Seele zu retten, so nehmen Tierschützer 50 Millionen geschredderte Küken in Kauf, nur weil eine absolute Schmerzfreiheit des Verfahrens vielleicht nicht sichergestellt ist. Tierschützer würden selbstverständlich die Mitverantwortung an den geschredderten Küken zurückweisen, aber ihr moralischer Absolutismus der Leidensfreiheit für die Tiere steht hier Pate.

Ein menschlicher – die Tierschützer würden wahrscheinlich „tierisch" sagen - moralischer Pragmatismus begrüßt hingegen das Seleggt-Verfahren, weil 50 Millionen Küken nicht mehr getötet werden und die realistische Chance besteht, dass durch diese Methode sehr viel tierisches Leid beendet wird.

Zu Grunde liegt dieser Diskussion auf der einen Seite die Vorstellung, dass ich einen moralischen Wert absolut setze. Auf der anderen Seite steht die Idee, dass es eine Reihe von grundlegenden Werten gibt, die in jeder Situation neu gegen- und miteinander abgewogen werden müssen. Im Wesentlichen dürften das sein:
Freiheit, Gerechtigkeit, Frieden, Wohlstand, Leidensfreiheit, Religion, Sicherheit, Privatsphäre, Erhalt des Lebens, Lebenslust

und Lebensfreude.

Was abwägen bedeutet, möchte ich am Beispiel der Werte Freiheit, Sicherheit und Erhalt des Lebens verdeutlichen: Wegen der lebensbedrohlichen Corona-Pandemie bin ich bereit, Freiheitsbeschneidungen wie Reiseverbot, Kinoverbot, Kontaktverbot hinzunehmen, die ich vor der Pandemie als Beginn einer Diktatur gewertet hätte. Sicherheit und Erhalt des Lebens sind in dieser Situation stärker zu gewichten als die Freiheit.

Umgekehrt sind wir täglich bereit, in ein Auto zu steigen, Fahrrad zu fahren oder zu Fuß über die Straße zu gehen, obwohl wir wissen, dass jedes Jahr ca. 3000 Menschen im deutschen Straßenverkehr sterben. Hier geben wir der Freiheit Vorrang vor der Sicherheit und dem Erhalt des Lebens.

Und so erfordert eine menschliche oder „tierische" Moral immer wieder aufs Neue eine Abwägung verschiedener Werte. Das ist anstrengend, aber menschen- und tierfreundlich.

Die Idee der Verabsolutierung eines moralischen Wertes dagegen hat den Vorteil, dass man immer weiß, was moralisch richtig ist, ohne lange nachdenken oder abwägen zu müssen. Ich weiß immer schon, quasi a priori, wo es lang geht, was moralisch richtig ist. Aber diese Verabsolutierung fügt den Menschen Leid und Tod ohne Ende zu. Dabei ist es gleichgültig, um welche Idee es geht, die Verabsolutierung jeder Idee pervertiert diese in ihr Gegenteil.

Setze ich bspw. die Freiheit absolut, so lasse ich die Armen ohne Krankenversicherung. Denn eine Krankenversicherungspflicht ist ja eine Einschränkung unserer Freiheit. Dass ohne Krankenversicherung die Menschen krepieren, weil sie die

Behandlung ihrer Krankheiten nicht bezahlen können, ist dann sekundär – liberty first. Aus der Befreiung von der Krankenversicherungspflicht wird die Freiheit zu krepieren.

Setze ich den Frieden absolut, so lasse ich zu, dass die Faschisten verhaften, foltern und ermorden, ohne dass ich mich dagegen wehre. Aus dem Frieden entsteht dann nur die Friedhofsruhe.

Setzt man schließlich die Leidensfreiheit der Tiere absolut, so vermehrt man sogar das Leiden der Tiere. Denn die 50 Millionen Küken werden weiter geschreddert, weil das Verfahren, das dies verhindert, vielleicht nicht absolut schmerzfrei ist. Und aus der absoluten Leidensfreiheit wird der Tod von 50 Millionen Küken.

Nun gibt es also das Recht der Tiere, nicht zu leiden, und das Recht der Menschen auf Freiheit, Lebenslust und Lebensfreude. Dabei ergibt sich aus dem hohen Gut der Freiheit das Prinzip der Minimalität einschränkender Gesetzgebung. Dies wiederum ergibt eine eindeutige Überlegenheit der artgerechten Tierhaltung gegenüber dem Veganismus, da sie die Freiheit, Lebenslust und Lebensfreude des Menschen eindeutig weniger einschränkt, aber das Leiden der Tiere vermindert oder gar komplett vermeidet.

Tatsächlich sollte man die artgerechte Tierhaltung weltweit massiv ausbauen, teilweise aber auch bloß bestehende Gesetze durchsetzen. So gibt es ein Verbot von Qualzuchten, die aber in der Nutztierhaltung bisher ungestraft verbreitet sind.

Der steigende Fleischpreis wäre hinzunehmen, weil hier der Tierschutz Vorrang vor dem Wohlstand hat. Damit aber die Ärmsten nicht auf diese Weise in einen Vegetarismus gezwungen werden, müsste man über Fleischgutscheine für diese nachdenken.

Und schließlich gebietet die artgerechte Haltung des Tiers Mensch auch den Verzehr von Fleisch. Denn der Mensch ist ein Allesfresser, wie man an seinem Gebiss erkennen kann.[5] Oder soll etwa der Mensch das einzige Tier sein, für das das Prinzip der artgerechen Tierhaltung nicht gelten soll?

Eigentlich ist dies ein sehr schwaches Argument. Denn es folgt der Struktur des naturalistischen Fehlschlusses, der darin besteht, dass man fälschlich von einem Sein auf ein Sollen schließt. Also – der Mensch soll so leben, wie es seiner Art – seinem Sein – entspricht.

Warum soll er das? Warum soll er seine Art nicht weiterentwickeln und das was seiner Art entspricht, nicht heute völlig anders sein als vor 10.000 Jahren und wiederum anders als in 10.0000 Jahren?[6]

Denn im Idealfall verwirklicht der Mensch das, was er sein will, den Entwurf seiner selbst. „Der Mensch ist (...), wie er sich konzipiert, (...) wie er sich will".[7]

Andererseits dürfte es zu schönen Irritationen führen bei denjenigen, die gerne Gedanken denken wie: 'Was natürlich ist, ist gut', oder: 'Wenn man weiß, wie der Mensch ursprünglich gelebt hat, weiß man, wie das richtige menschliche Leben auszusehen hat. Ein Gedanke wie ein Gefängnis – denn es schränkt alle Entwürfe eines wünschenswerten Lebens auf die Lebensart unserer Vorfahren vor wer weiß wie vielen Jahren

---

5   Allesfresser – Wikipedia. Eingesehen am 28.06.20.
6
7   Sartre, Jean Paul: Ist der Existentialismus ein Humanismus? Zürich 1979,
    S. 11.

ein. Von Adorno dagegen stammt zumindest sinngemäß der Satz: 'Der Ursprung ist nicht das Wahre', und da hat er Recht.

Zu 2.: Gesundheit des Menschen

„Werden tierische Produkte ersatzlos vom Speiseplan gestrichen, drohen ernsthafte Schäden. Es kann dabei zu starkem Eisen- und Eiweißmangel kommen, der zu nicht kurierbaren Schäden, etwa im Hormonsystem führt. Besonders für Kinder in der Wachstumsphase ist das Risiko erhöht."[8]

Genauso gibt es gegenteilige Thesen, dass die vegane Ernährung gesünder sei als die, die tierische Produkte verwendet. Tatsächlich gibt es keine gesicherten wissenschaftlichen Aussagen zu dieser Frage.

Sicher aber ist, dass Nahrungsergänzungsmittel notwendig sind, um bei Veganern Mängelerscheinungen zu vermeiden. Eindeutig ist also, dass vegane Ernährung eine Mangelernährung ist. Da bevorzuge ich doch ein vielfältiges, abwechslungsreiches Essen, das mir Genuss bereitet und mich vor Mängeln schützt.

Zu 3.: Umweltaspekte

— Regenwälder
„Um weltweit Weideland für die Viehhaltung und Ackerland für den Anbau von Futtermitteln zu schaffen, müssen beispielsweise artenvielfältige Regenwälder großflächig gerodet werden."[9] Deshalb solle man auf den Verzehr von Rindfleisch verzichten, um so die Nachfrage nach Rindfleisch zu senken und mittelbar

---

8 Ernährung: Wie sehr schaden Veganer ihrer Gesundheit? - WELT. Eingesehen am 09.04.2020.

9 Veganismus Gründe: Warum vegan leben? Was sind die Gründe? Eingesehen am 09.04.2020.

die Gründe für die Rodung von Regenwäldern zu beseitigen.

Bolsenaro, der brasilianische faschistische Präsident, würde bei dieser Argumentation laut lachen und sich das nächste Steak einverleiben, weil er zu Recht von der Wirkungslosigkeit solcher Ideen überzeugt wäre. Wirkungsvoll wären nur Wege, solche Regierungen abzuwählen und statt dessen Regierungen an die Macht zu verhelfen, die Gesetze zum Schutz der Regenwälder verabschieden und durchsetzen.

    – Treibhausgase
„In Deutschland erzeugen wir Treibhausgase in erster Linie durch den Verbrauch von Energie: Rund 80 Prozent aller Treibhausgasemissionen hierzulande sind energiebedingt, das heißt, sie entstehen bei der Erzeugung von Wärme und Stromoder bei der Verbrennung von (meist fossilen) Kraftstoffen im Verkehr. Die verbleibenden 20 Prozent gehen fast ausschließlich auf Industrieprozesse (ca. elf Prozent) beispielsweise in der chemischen Industrie und der Landwirtschaft (knapp sieben Prozent) zurück."[10]

Man könnte meinen, dass die Energieindustrie die Fürze der Rinder puscht, um von ihren Treibhausgasen, nämlich 80% aller Treibhausgase deutschlandweit, abzulenken. Eine Konzentration auf das Wesentliche – die Energie – scheint mir hier doch sinnvoller, da Maßnahmen in diesem Bereich auf eine 11mal größere Menge als in der Landwirtschaft abzielen.

Zu 4.: Hunger in der Welt

„Wenn auch Tierschutz und Tierrechte die gewichtigsten Gründe für eine tierproduktfreie Lebensform bleiben, spielt nicht

---

10 Ursachen des Klimawandels : Klima-Kollekte. Eingesehen am 09.04.2020.

zuletzt der Welthunger eine Rolle bei der Entscheidung für ein veganes Leben. Die Nutztierhaltung verbraucht jährlich unzählige Tonnen an Mais, Getreide und Soja als Futtermittel, von denen sich Menschen auch direkt ernähren könnten. Bildlich können wir also von einem Umweg über das Tier sprechen, der gegangen wird, während rund 800 Millionen Menschen an Unterernährung leiden."[11]

„Nach Ansicht verschiedener Beobachter ist der Welthunger nicht von mangelnder Produktion verursacht, sondern von ungerechter Verteilung. Laut UN werden jedes Jahr 1,3 Milliarden Tonnen Lebensmittel in den Müll geworfen, was rechnerisch etwa viermal so viel ist, wie nötig wäre, um das Hungerproblem in der Welt zu lösen. Allein die in den Industrienationen weggeworfene Menge von 300 Millionen Tonnen jährlich würde reichen, um alle hungernden Menschen zu ernähren." [12]

Der Hunger in der Welt und das dabei unerträglichste Problem, dass laut UNICEF alle 10 Sekunden ein Kind an Hunger stirbt, ist zu aller erst ein Verteilungsproblem. Dieses löst man nicht, indem man auf den Verzehr von Fleisch verzichtet. Das ist in etwa so, als wollte man den Bodensee mit einem Fingerhut leer schöpfen. Vielmehr muss man die Güter der Welt und insbesondere die Lebensmittel gerechter verteilen.

Das Kernproblem machen folgende Zahlen sichtbar: „Das durchschnittliche Jahresgehalt eines Vorstandsmitglieds in einem DAX-Unternehmen betrug im vergangenen Jahr 3,51 Millionen Euro".[13] Ein solches Einkommen ist ein Verbrechen

---

11 Veganismus Gründe: Warum vegan leben? Was sind die Gründe? Eingesehen am 10.04.2020

12 Welthunger – Wikipedia. Eingesehen am 10.04.2020.

13 ZEIT ONLINE. Eingesehen am 10.04.2020.

angesichts der täglich an Hunger sterbenden Kinder. Denn selbst für ein luxuriöses Leben braucht man ein solches Einkommen nicht.

Laut Deutscher Welle wird jede EU-Kuh mit 730 € im Jahr subventioniert.
„Laut der Weltbank-Angaben sind über 60 Länder der Welt sehr arm. Diese verfügen jährlich im Durchschnitt über weniger als 750,- $."[14] Das entspricht 685 €. Eine EU-Kuh hat also ein größeres „Einkommen" als durchschnittlich ein Mensch in den 10 ärmsten Ländern der Welt. Diese extrem ungerechte Verteilung zu bekämpfen hat höchste Priorität.

Man könnte in Abwandlung von Bertolt Brecht fast meinen: „Was sind das für Zeiten, in denen, da alle 10 Sekunden ein Kind an Hunger stirbt, ein Gespräch über Tierschutz ein Verbrechen ist."

- Krude Mischung von Selbsterniedrigung und Selbstüberhöhung

Schließlich kann man bei Teilen der Veganer eine krude Mischung von Selbsterniedrigung und Selbstüberhöhung erkennen.

Aus der Sicht des Veganismus ist nahezu jeder schuldig. Denn wer hat nicht wenigstens als Kind auf Kuhmilch basierende Babymilch getrunken, dann später Fischstäbchen und Hamburger von MC Donalds geliebt. Schuldig heißt da das Urteil, das sehr an die Erbsünde des Christentums erinnert,wo jeder schon schuldig auf die Welt kommt. Eine solche frühe Schuld hat häufig die Funktion, den Widerstand der Schuldigen schon im Keim zu ersticken. Da gibt es dann keinen Grund mehr, aufrecht

---

14 Pro-Kopf-Einkommen – Wiwiwiki.net. Eingesehen am 10.04.2020.

durch die Welt zu gehen, vielmehr muss man den Kopf senken und leiden. Und das von Schuld befreiende Leid hat der Veganismus selbstverständlich auch schon parat: der Verzicht auf tierische Produkte. Und dieser Verzicht – jetzt komme ich zur Sebstüberhöhung – erhebt den zuvor Erniedrigten in ungeahnte Höhen: Iss vegan und du schützt nicht nur die Tiere, sondern verschaffst dir ein langes, gesundes Leben, rettest die Regenwälder, das Klima und schaffst dann auch noch den Hunger in der Welt ab. So wird der Veganer von dem von seiner Schuld Erniedrigten zum allmächtigen Weltenretter – besser geht's nicht!

Peter Singer

- Person sein

Auseinandersetzen möchte ich mich nun mit der Praktischen Ethik von Peter Singer als einem der exponiertesten Vertreter der Tierrechtsbewegung:

„Einige nichtmenschliche Lebewesen sind also nach unserer Definition Personen. Um die Wichtigkeit dieser Feststellung zu erkennen, müssen wir sie im Zusammenhang mit unserer früheren Diskussion sehen, in der ich die Behauptung aufgestellt habe, daß die einzige vertretbare Version von der Lehre von der Heiligkeit des Lebens das sei, was man „die Lehre von der Heiligkeit des personalen Lebens" nennen könnte. Ich legte dar, daß, wenn menschliches Leben einen speziellen Wert hat, es ihn insofern hat, als die meisten menschlichen Wesen Personen sind. Aber falls einige nichtmenschliche Lebewesen ebenfalls Personen sind, muß ihr Leben denselben Wert haben.[15]

---

15 Peter Singer: Praktische Ethik. Stuttgart 1984, S. 134.

Singer verschiebt also die Grenze, ab der das Leben einen besonderen Wert hat und besonders schützenswert ist.

Aus dem § 1 des Deutschen Grundgesetzes: „Die Würde des Menschen ist unantastbar", wird nach Singer: „Die Würde der Person ist unantastbar".

Und aus dem Grundsatz der Menschenrechtserklärung der UNO: „Alle Menschen sind frei und gleich an Würde und Rechten geboren", wird nach Singer: „Alle Personen sind frei und gleich an Würde und Rechten geboren."

Nach Singer wird also der besonders zu schützende Personenkreis ausgedehnt und zwar auf die Tiere, denen Singer ein „Person sein" zuspricht, z.B. gesunde Menschenaffen und Schweine. Gleichzeitig aber wird dieser Personenkreis verkleinert und zwar um die Menschen, denen er ein „Person sein" abspricht, bspw. Säuglinge, Kleinkinder oder Menschen mit schwerer geistiger Behinderung.

Angesichts von Corona Covid-19 sind in manchen Ländern die Gesundheitssysteme überfordert. Dies führt zu einer Triage, in der man manche Menschen einfach sterben lässt, weil die Kapazitäten nicht reichen, allen zu helfen. Da ist doch die Einteilung in Menschen, die gleichzeitig Person sind, und solche, die „nur" Mensch sind, äußerst hilfreich. So hat man doch wirklich dank Singer ein handfestes Kriterium, nach dem man entscheiden kann, wen man guten Gewissens sterben lassen kann: die Menschen mit schwerer geistiger Behinderung, denen Singer ein „Person sein" abspricht. Und schwups sind wir bei der „Euthanasie" – zu deutsch: „guter Tod". Singer hält es nicht einmal für nötig diesen schrecklichen Euphemismus in Anführungszeichen zu setzen, sondern übernimmt den Begriff Euthanasie unhinterfragt von den Faschisten.

„Es ist auch wichtig, sich in Erinnerung zu rufen, daß ich die Absicht verfolge, den Status der Tiere zu heben, nicht aber, den der Menschen zu senken."[16] Singer will also keinem Menschen etwas Böses. Singer aber unterschätzt hier in grob fahrlässiger Weise „Die Macht höchst unwahrscheinlicher Ereignisse".[17] Und so wird aus seinem Wunsch, das Leben der Tiere aufzuwerten, bspw. angesichts Corona ein Todesurteil für Menschen mit schwerer geistiger Behinderung. Denn die sind ja nach Singer keine Personen und somit Menschen zweiter Klasse, die man dann, wenn die medizinischen Mittel knapp werden, am ehesten sterben lassen kann. Was ist das Gegenteil von „gut"? Ein gut meinender Herr Singer.

Pikanter Weise stellt Singer an anderer Stelle zu Recht fest, dass die geplante Tötung eines Menschen durch Unterlassung genauso Mord ist wie die durch ein aktive Handlung.

Singers ethische Grundlage ist das Ziel des größtmöglichen Glücks für eine größtmögliche Zahl: „Der klassische Utilitarismus betrachtet eine Handlung als richtig, wenn sie ebensoviel oder mehr Zuwachs an Glück für alle betroffenen produziert, als irgendeine alternative Handlung, und als schlecht, wenn sie das nicht tut."[18]

- Das Münchhausentrilemma

Zwar klingt dieser Grundsatz gut und sicherlich kann man für ihn Plausibilitäten anführen. Aber auch Singer überwindet nicht das Münchhausen-Trilemma:

---

16 Ebda. S. 96.
17 Nicholas Taleb: Der Schwarze Schwan: Die Macht höchst unwahrscheinlicher Ereignisse.
18 Peter Singer: Praktische Ethik. Stuttgart 1984, S. 11.

„Hans Albert behauptet (zu Recht), dass jegliche Versuche für eine Letztbegründung scheitern müssen bzw. ins Münchhausen-Trilemma führen. Das Münchhausen-Trilemma bedeutet, dass jeder Versuch des Beweises eines letzten Grundes zu einem von drei möglichen Ergebnissen führt:

1. zu einem Zirkelschluss, (die Conclusio soll die Prämisse beweisen, benötigt diese aber, um die Conclusio zu formulieren)
2. zu einem infiniten Regress (es wird immer wieder eine neue Hypothese über die Begründbarkeit eines letzten Grundes formuliert, die sich jedoch wiederum als unzureichend erweist oder wieder in einen Zirkel führt)
3. zum Abbruch des Verfahrens an einer Stelle und der Dogmatisierung der dortigen Begründung".[19]

Es bleibt also festzuhalten, dass auch Singers Grundsatz eine Setzung ist und keinesfalls letztbegründet.

- Das Schlimmste verhindern

Mein philosphischer Ansatz ist etwas bescheidener als der von Singer. Zu aller erst geht es mir nicht um Glück. Das kommt später dran. Zu aller erst geht es mir darum, das Schlimmste zu verhindern. Wenn die Menschen in dieser wahnsinnigen Welt das schaffen, haben sie schon viel geschafft oder wie Adorno es als neuen kategorischen Imperativ formuliert: Die Menschen sollen „ihr Denken und Handeln so ein(...)richten, daß Auschwitz nicht sich wiederhole, nichts Ähnliches geschehe."[20]

Wofür aber steht Auschwitz, was ist das Schlimmste? Das haben uns besonders die deutschen Faschisten gezeigt: Die Ermordung von psychisch Kranken, Menschen mit geistiger Behinderung und

---

19 Münchhausen-Trilemma – Wikipedia. Eingesehen am 12.04.2020.
20 Adorno, Theodor W.: Negative Dialektik.

Menschen, denen der Faschismus die Zugehörigkeit zu einer minderwertigen Rasse zugeschrieben hat. Und ich möchte über Auschwitz hinaus gehend ergänzen: dass niemals mehr ein Kind an Hunger sterbe!

Singers „Person sein" spielt – vielleicht ungewollt - den faschistischen Mördern in die Hände, indem er unterschiedlich wertvolle Menschen schafft. Wirkungsvoll gegen diese Verbrechen aber sind zwei Grenzziehungen:
1. Gleiche Rechte für alle Menschen: Die Würde aller Menschen ist unantastbar.
2. Kein Mensch hat das Recht, über den Wert oder Unwert eines anderen Menschen zu bestimmen. Jeder Mensch kann nur über den Wert des eigenen Lebens befinden.

- Menschen mit Schwerstmehrfachbehinderung

Im besonderen Fall, dass ein Mensch nicht in der Lage ist, seinen Willen zu äußern, müsste ein Gremium von Menschen versuchen herauszufinden, was dieser Mensch will. Dabei müsste die Perspektive streng empathisch sein. Was das bedeutet, möchte ich an einem Beispiel erläutern:

Wenn ich ab dem Hals gelähmt wäre und nicht sprechen könnte, wollte ich nicht mehr leben. Das ist bedeutsam für mich, aber nicht für ein Kind mit vergleichbaren schwersten Behinderungen. Während meiner Arbeit in der Ausbildung von Heilerziehungspflegern habe ich immer wieder Kinder mit Schwerstbehinderung erlebt, die einen zufriedenen Eindruck machten. Besonders beeindruckt hat mich, wie einer meiner Schüler eine basale Stimulation mit einem schwerstmehrfachbehinderten Kind durchführte. Dieses Kind gluckste vor Glück. Dieses Kind zeigte Lebenswillen und dann spielt meine Vorstellung, was für mich lebenswert wäre, keine

Rolle.

Andererseits gibt es auch Kinder mit Schwerstmehrfachbehinderung, die ständig Schmerzen leiden, also in ihrem Alltag permanent von einem Zustand der Zufriedenheit, ganz zu schweigen von Glück, weit entfernt sind. Hier könnte der Tod einer Erlösung sein, wobei strengstens darauf zu achten wäre, dass das Kindeswohl an erster und einziger Stelle steht und sich nicht andere Motive wie z.B. Kosten im Gesundheitssystem zu sparen, einschleichen.

Singer hingegen zeigt, indem er darüber bestimmt, dass es Menschen unterschiedlicher Wertigkeiten gibt, eine gottähnliche Hybris und öffnet in unerträglicher Weise das Tor zur Rückkehr zum „lebensunwerten Leben".

- Selbstverliebte narzisstische Philosophen

Singer steht mit seiner Theorie des besonderen Wertes des „Person seins" in einer langen abendländischen Tradition von selbstverliebten narzisstischen Philosophen. Philosophen sind Denker und daher muss der Denker einen besonderen Wert haben. Wäre Singer ein Häschen, das besonders gut Haken schlagen kann, wären die, die Haken schlagen können, besonders wertvoll.

Singer sieht in Geboten und Gesetzen wie Artikel 1 des Gundgesetztes: „Die Würde des Menschen ist unantastbar" einen Artenegoismus der Art Mensch, die einen Rassimus nach sich zieht, dem Tiere zum Opfer fallen. Tatsächlich aber schafft er mit seinem „Person sein" ein Zwei-Klassen-System höherwertiger und minderwertiger Menschen, das gewollt oder ungewollt für faschistische Zwangssterilisation und faschistischen - „Euthanasie" genannten - Mord zumindest ein nützlicher Idiot ist. Nicht zufällig heißt ein weit verbreitetes moralisches Gebot: „Liebe deinen Nächsten **wie dich selbst**". Daher liegt diesem Kochbuch als Setzung der Vorrang des Menschen vor den anderen Tieren zu Grunde. So ist das größte globale Problem der Menschen die weltweit verhungernden Kinder, dagegen ist Tierschutz zweitrangig, wenn auch sehr berechtigt.

Der Veganismus tendiert hingegen zu einem Menschen- und Naturbild, in dem der Mensch ein Makel in einer ansonsten makellosen Natur ist. Daraus ergibt sich für manche Veganer die Position, dass es verwerflich sei, Kinder in die Welt zu setzen. Denn jedes Kind vergrößert ja die Menge des menschlichen Makels. Konsequent wäre es in dieser Denkweise, dass Veganer sich umbringen. Denn nur so lässt sich eine vom menschlichen Makel gesäuberte, reine Natur herstellen. Als Hedonist sage ich: Viel Spaß dabei!

Schließlich folgendes Gedankenexperiment: Bei artgerechter Tierhaltung können Tiere unter Bedingungen leben, die ihren Bedürfnissen entsprechen und ihnen ein zumindest zufriedenstellendes Leben ermöglichen. Am Ende ihres Lebens werden sie ohne langes Leiden und schmerzarm getötet. Man stelle sich die Frage, ob man ein solches Leben zusammen mit dem geschilderten Tod führen möchte oder lieber gar nicht leben möchte. Wie lautet die Antwort?

Körpergestalt

Essen ist eine bedeutende Möglichkeit, den eigenen Körper zu gestalten. In der Regel gibt es zwei Kriterien für die Körpergestalt: Gesundheit und Schönheit. Lange Zeit wurde ein „Idealgewicht" propagiert. Das sei ein Gewicht, bei dem der Mensch und besonders die Frau sowohl am gesündesten als auch am schönsten sei.

- Der gesunde Körper

„(...) hinter dem Begriff Idealgewicht steckt (aber) eine veraltete Zahlenspielerei! Die von amerikanischen Lebensversicherungen in den 50er-Jahren erfundene Kilogrenze liegt weit unter dem statistischen Normalgewicht; nach damaliger Meinung sollte sie die höchste Lebenserwartung garantieren. Man ermittelte zuerst das Normalgewicht nach der einfachen Broca-Formel: Körpergröße in Zentimeter minus hundert. Für das Idealgewicht zogen Männer dann nochmals 10 und Frauen 15 Prozent ab.
Lange Zeit galt das Idealgewicht als die gesündeste Körpergestalt.“[21]

Schaut man heute bei Wikipedia, so zeigt sich, dass dies nicht mehr zutrifft: „Es gibt keinen medizinischen Konsens, was das als Normalgewicht zu bezeichnende „wünschenswerte“ oder „natürliche“ Körpergewicht eines Menschen sein sollte. Es ist sogar strittig, ob es einen solchen festzulegenden Wert überhaupt gibt. Insofern existieren verschiedene Bemessungsformeln zur Ermittlung des Normal- bzw. Ideal- und Unter- bzw. Übergewichts, die im Ergebnis ähnliche Werte ergeben. Trotz dieser Diskussion um den richtigen Wert eines Normal- oder Idealgewichtes gibt es klare Vorstellungen, außerhalb welcher Gewichtsbandbreite eine Person als (krankhaft) unter- oder übergewichtig zu beurteilen ist.“[22] So gilt ein Mensch mit einem BMI < 19 als krankhaft untergewichtig und ab einem BMI von 30 als krankhaft übergewichtig.

---

21 Gibt es ein gültiges Idealgewicht? | EAT SMARTER. Internet eingesehen am 27.03.2020. Auch Wikipedia: Körpergewicht.
22 Wikipedia: Körpergewicht. Eingesehen am 27.03.2020

- Der schöne (Frauen)körper

Als ich mit meinen SchülerInnen vor etwa 1½ Jahren den schönen weiblichen Körper thematisierte - wie ca. 15 Jahre lang zuvor auch – und das Idealgewicht[23] als herrschendes, weibliches und magersüchtiges Schönheitsideal darstellte, widersprachen mir eine Reihe von SchülerInnen. Das sei veraltet, neu sei ein muskulöser Frauentyp und auch Bilder von schönen pummeligen Frauen wurden mir gezeigt.

Dabei bleibt festzuhalten

- dass auch die muskulösen Frauen dünn sind
- und pummelige Schönheit zumindest als Schönheitsideal die Ausnahme ist.

Denn es mag zwar sein, dass sich hier am Horizont ein neuer Trend abzeichnet, aber ein Blick in aktuelle Modezeitschriften und -kataloge zeigt: Das magersüchtige Idealgewicht herrscht.

Essen und Trinken als Mittel und Zweck - entfremdetes Essen und Trinken

Das hat eine kollektive, zumeist weibliche Essstörung zur Folge. Essen und Trinken sind dann nicht mehr Freude und Genuss, sondern bloß Mittel, den eigenen Körper schön zu gestalten. Essen und Trinken werden so schließlich zur Qual. Denn jede Nahrungsaufnahme wird zur Bedrohung für den schönen Körper. Und das hat zur Folge , dass das Selbstwertgefühl der weiblichen Kinder und Jugendlichen ab dem Alter von acht Jahren „buchstäblich in sich zusammenstürzt."[24] Im Extrem

---

23 Idealgewicht: Körpergröße in cm – 100 – 15% bei Frauen.
24 Andre, Christoph u. Lelord, Francoise: Die Kunst der Selbstachtung. 1999, S. 169.

mündet das dann in lebensgefährliche Krankheiten wie Magersucht oder auch Bulimie.

Im Freudschen Persönlichkeitsmodell, bestehend aus Ich, Es und Über-Ich[25], ist die Persönlichkeit gesund, wenn das Ich dominiert und immer wieder einen Ausgleich zwischen den Interessen und Bedürfnissen von Es und Über-Ich schafft. Wenn bspw. das Es 'Hunger und das Bedürfnis zu essen' verspürt, ist in einer Unterrichtssituation der unmittelbare Impuls des Es, in den Schulrucksack einer SchülerIn zu greifen, deren Essen zu entwenden und es zu verschlingen. Das Über-Ich aber meldet: 'Das darfst du nicht. Das ist Diebstahl'. Das Ich schließlich vermittelt zwischen beiden und ringt einerseits dem Es einen Triebaufschub bis zur Pause ab, kauft dann aber am Kiosk ein Brötchen oder gar einen gesunden Apfel und verzehrt ihn. So schafft das Ich einen gesunden Interessen- und Bedürfnisausgleich zwischen Es und Über-Ich. Das Ich übertritt kein gesellschaftliches Verbot des Über-Ichs und stillt den Hunger des Es.

Bei einem magersüchtigen Menschen steht das Freudsche Persönlichkeitsmodell auf dem Kopf. Statt des Ich dominiert nun das Über-Ich, welches dem Es und seinen Trieben keinerlei Raum lässt. So haben magersüchtige Menschen verlernt, was Hunger ist, und damit gleichzeitig, dem Es zu seinem Recht zu verhelfen. Sie sind häufig überangepasst und extrem leistungsorientiert – also Persönlichkeiten, in denen weder Platz ist für Triebe, Freude und Genuss noch für ein Ich, das nicht

---

Das Buch ist zwar über 20 Jahre alt, ich kann aber keinen Grund erkennen, warum die damals gewonnenen Erkenntnisse heute nicht mehr gelten sollten.

25 Im Freudschen Modell steht das Es nur für Triebe des Unbewussten. Das ist meiner Meinung nach nicht sinnvoll haltbar. Denn es gäbe dann im Freudschen Persönlichkeitsmodell keinen Ort für 'bewusste Triebe'. Wenn ich vom Es spreche, meine ich immer auch bewusste Triebe.

bloß die Erwartungen seiner Umwelt erfüllt, sondern einen eigenen Willen zeigt.

All das gilt auch für die BulimikerInnen, nur mit dem einen Unterschied, dass man hier jede Heißhungerattacke als kurzlebige Revolte des Es gegen das Über-Ich verstehen kann. Allerdings ist diese Revolte von vorne herein zum Scheitern verurteilt. Denn das Hinunterschlingen kalorienreicher Lebensmittel ist eine grässliche Karikatur des Essens mit Freude und Genuss. Und so bleibt nach jeder Heißhungerattacke eine BulimikerIn zurück, die sich vor ihren Heißhungerattacken und sich selbst zutiefst ekelt.

Aber auch wenn es nicht gleich zu schweren Erkrankungen wie den Essstörungen kommt, kann das Essen und Trinken unter dem Diktat des magersüchtigen Schönheitsideals leicht zur Qual werden. Kalorien zählen und Diäten verwandeln Essen und Trinken aus Freude und Genuss in eine Qual. Essen soll schön „machen" und gesund sein und ist so bloß Schönheits- und Lebensmittel, Mittel zum (Über)leben. In Anlehnung an Kant möchte ich dagegen den kategorischen Imperativ des Essens formulieren: Iss das Essen niemals bloß als Mittel, sondern immer auch als Zweck seiner selbst. Und Essen als Zweck seiner selbst ist Freude und Genuss.

Oder um es in Marxscher Begrifflichkeit auszudrücken: Essen und Trinken, die nur der Gesundheit und der Schönheit dienen, sind entfremdetes Essen und Trinken. Der Mensch aber, der auf diese Art und Weise isst, ist sich selbst entfremdet. Erst wenn wir Essen und Trinken aus der Gesundheits- und Schönheitssklaverei befreien, wird auch der essende und trinkende Mensch frei – frei für Freude und Genuss.

- Der Ursprung des magersüchtigen Schönheitsideals

Bleibt die Frage, wie solch ein quälendes und krankmachendes Schönheitsideal entstehen konnte. Dazu folgende Hypothese:

Die Reichen und Mächtigen brauchten und brauchen zu allen Zeiten Zeichen – Statussymbole - ihrer Macht und ihres Reichtums. Das sind dem König von damals Zepter, Krone und Schloss, und dem Unternehmer von heute 'mein Haus, mein Boot, mein Auto'. Das Auto in der Gestalt von BMW und Mercedes erfreut sich da besonderer Beliebtheit, ist es doch ein öffentliches Ding und wird so von vielen Mitbürgern gesehen. Und das möchten die meisten Reichen und Mächtigen ja, dass gesehen wird, dass sie reich und mächtig sind.

Und die Reichen und Mächtigen möchten nicht nur reich und mächtig sein, sondern auch schön – oder patriarchalisch gedacht – schöne Frauen haben. Das Tüpfelchen auf dem i aber ist, dass die Schönheit der Frau so beschaffen sein muss, dass nicht jede(r) sie haben kann. Denn die Reichen und Mächtigen möchten sich von den anderen Menschen abgrenzen.

Deshalb galt im Mittelalter 'weiße Haut' als schön. Denn die meisten armen Menschen mussten damals auf dem Feld arbeiten und hatten daher eine sonnengegerbte Haut. Nur die Reichen und Mächtigen konnten es sich leisten, sich vorwiegend in Innenräumen aufzuhalten, und so auch für ihre weiße Haut sorgen.

Als dann im Zuge der Industrialisierung sich die Arbeit vom Feld in die Fabriken verlagerte, bekamen die meisten Armen eine weiße Haut. 'Weiße Haut" hatte damit als Statussymbol ausgedient. Daher waren die Reichen und Mächtigen gezwungen, 'schöne Haut' neu zu definieren. 'Schöne Haut' muss seitdem sonnengebräunt sein. Denn nur die Reichen und Mächtigen können es sich nun leisten, sich vorwiegend im Freien aufzuhalten. Und in den Sonnenstudios versuchen die Armen, den Reichen und Mächtigen nachzueifern.

Analog verhält es sich auch mit der Körpergestalt. Solange die Armen hungerten oder gerade genug hatten, um ihren Hunger zu stillen, aber nicht genug Geld, um soviel essen und trinken zu können, dass sie dick wurden, galt vielfach ein wohlgerundeter Körper als Zeichen des Wohlstands und daher als schön.

Als dann aber in den 50er Jahren mit dem Wirtschaftswunder die Fresswelle kam und jede(r) sich einen dicken Bauch leisten konnte, hatte auch der als Statussymbol ausgedient. Ebenso konnte sich jeder das Normalgewicht leisten und so musste etwas Neues her: das Idealgewicht (Normalgewicht - 10-15%), das Mann und Frau sich nur hungernd erarbeiten können. Das Idealgewicht entstand also nicht zufällig in dieser Zeit.

Letztlich entspringt also das magersüchtige Schönheitsideal der Sucht der Reichen und Mächtigen nach Statussymbolen, die ihren Reichtum und ihre Macht nach außen zeigen. Dabei ergibt sich eine schöne dialektische Ironie:

Die Reichen und Mächtigen sind gleichzeitig immer auch schön. Denn sie determinieren ja, was als schön gilt. Und das sind sie selbst. Gleichzeitig werden sie selbst zu Sklaven ihrer Sucht nach Statussymbolen und müssen sich ihr Leben lang hungernd quälen, sich Diäten und Schönheitsoperationen unterziehen, um ihrem von ihnen selbst bestimmten, aber aus ihrer Sucht entsprungenen Schönheitsideal zu entsprechen. Auch hier zeigt sich wieder einmal, dass nicht nur der Knecht, sondern ebenso der Herr ein Gefangener des Herr-Knecht-Verhältnisses ist.

Dagegen lobe ich mir doch einen epikuräischen Bauch, der dem Essen und Trinken mit Freude und Genuss entspringt, aber nicht krankhaft adipös ist. Ein BMI von 28 ist so ein hedonistischer BMI.

Sozialer Hedonismus

Vielfach wird dem Hedonismus vorgeworfen, mit seiner 'Verehrung' von Lust und Freude sei er zutiefst eogoistisch und asozial.

Die Vorgehensweise bei dieser Kritik ist recht simpel: Reduziere Lust und Freude auf 'sich am Ballermann die Kante geben' und dann trete sie oder – vornehmer – schaue zu, bis sie, die sich die Kante geben, wehrlos am Boden liegen.

Gutes tun, weil es – auch – mir gut tut

Die Kritik hat Recht: Der Hedonismus ist egoistisch. Unrecht aber hat sie, wenn sie behauptet, er sei asozial.

Tatsächlich aber sind Lust und Freude viel mehr und meistens etwas ganz anderes als 'sich am Ballermann die Kante geben'. Schon Epikur sagte, wenn ich mich recht erinnere, sinngemäß: Was ist ein Glas Wein gegen ein gutes Gespräch unter Freunden? Und hier möchte ich ergänzen: Noch besser ist ein gutes Gespräch unter Freunden bei einem leckeren Essen und gutem Wein. Aber sozialer Hedonismus meint noch viel mehr als 'nur' ein gutes Gespräch unter Freunden.

Nach Kant ist eine Handlung nur dann wirklich gut, wenn der

Handelnde aus Pflicht handelt. Eine Handlung aus Neigung, also in heutiger Sprache, weil sie Spaß oder Freude macht, ist ein niederes, tierisches Verhalten, aber niemals moralisch gut. Kant gehört damit in die große religiös-philosophische Tradition der Selbstquäler. Gut kann etwas erst dann sein, wenn etwas wenigstens ein bisschen weh tut. (Ein Roman ist erst dann hohe Literatur, wenn sich der Leser bei der Lektüre quälen muss.)

Tatsächlich aber können wir bei keiner Handlung sagen, ob sie im Innersten des Menschen aus Pflicht altruistisch oder aus Neigung egoistisch motiviert ist. Selbst Mutter Theresa könnte eine hedonistische Egoistin sein, nämlich dann, wenn sie all ihre sozialen Taten – und das würde sie, selbst wenn es so wäre, sich wahrscheinlich nicht einmal im Gespräch mit sich selbst eingestehen – vor allem deshalb vollbracht hat, weil sie sich dann gut fühlt, weil sie dann ein super geiles Bild von sich selbst haben kann.

Im Gegensatz zu Kant handelt der Hedonist aus Freude sozial, tut Gutes, weil es – auch - ihm selber gut tut. Dabei ist er gerne ein Tier. Denn diese Demut, sich nicht über die Tierwelt zu erheben, ist sozialer als der verblendete Größenwahn, in dem der Mensch qua Vernunft sich zum Herrscher über die Natur erhebt und dabei Gefahr läuft, die Natur so umzugestalten, dass er seine eigenen Lebensgrundlagen und damit sich selbst zerstört.

- Helfen als Herrschen

Wenn man versucht Gutes zu tun, muss man sich immer einer Gefahr bewusst sein: Weil Gutes tun, gut tut, kann in dem, der Gutes tut, der Wunsch entstehen, dass derjenige, dem Gutes getan wird, in einem Zustand verbleibt, in dem er Hilfe braucht und ihm Gutes getan wird. Helfen läuft nämlich immer Gefahr, die sublimste Form von Machtausübung zu sein. Denn im Akt des Helfens stellt sich der Helfende immer über den Hilfsbedürftigen. Und Macht ist leider für viele Menschen ein wichtiges, wenn nicht zentrales Motiv ihres Handelns und Strebens. Helfen wird also nicht selten eine Bemäntelung von Machtgier und -ausübung sein.

Damit dies nicht passiert, ist das Subsidiaritätsprinzip[26] mit seinen zwei Grundprinzipien so wichtig:
- so viel Hilfe wie nötig, so viel Selbständigkeit wie möglich
- Hilfe zur Selbsthilfe.

In die gleiche Richtung zielt die Theorie des Empowerments:[27]
„Mit **Empowerment** (von englisch *empowerment* „Ermächtigung, Übertragung von Verantwortung") bezeichnet man Strategien und Maßnahmen, die den Grad an Autonomie und Selbstbestimmung im Leben von Menschen oder Gemeinschaften erhöhen sollen und es ihnen ermöglichen, ihre Interessen (wieder) eigenmächtig, selbstverantwortlich und selbstbestimmt zu vertreten. Empowerment bezeichnet dabei sowohl den Prozess der Selbstbemächtigung als auch die professionelle Unterstützung der Menschen, ihr Gefühl der Macht- und Einflusslosigkeit (*powerlessness*) zu überwinden". Zentrales Anliegen des Helfenden muss also immer sein, sich selbst als Helfenden überflüssig zu machen.

Schließlich aber ist diese Frage nach dem Altruismus oder dem Egoismus einer Handlung im Hinblick auf den, dem geholfen wird, eine akademische Spitzfindigkeit, die man sich im Grunde schenken kann. Denn konsequenzialistisch interessiert im Grunde nur, was hinten dabei rauskommt. Und da beeindruckt

---

26 Subsidiarität – Wikipedia. Eingesehen am 19.05.2020.
27 Empowerment – Wikipedia. Eingesehen am 19.05.2020.

Mutter Theresa schon.

Im Hinblick auf den Helfenden aber ist sie grundlegend entscheidend für sein Lebensgefühl. Kants Pflichtethik gebiert Millionen Fürsorger, Sozialpädagogen, Priester und Lehrer, die verkniffen und freudlos ihr Werk am Hilfsbedürftigen verrichten. Freudlosigkeit ist hier Gebot. Denn nur die Tat aus Pflicht, aber nicht die aus Neigung ist moralisch gut. Astrid Lindgren hat diesen Freudlosen in ihrer Karikatur der verkniffenen Fürsorgerin in „Pippi Langstrumpf" ein Denkmal gesetzt, das den Hedonisten immer wieder erfreut.

Gutes tun, weil es – auch – mir gut tut. Mein Hedonismus ist also ein sozialer Hedonismus.

- Sozialer und ästhetischer Hedonismus

Perfekt aber wird die gute Tat erst dann, wenn sie gleichzeitig auch Schönes hervorbringt. Der Sturm-und-Drang Dichter Wilhelm Heinse beschreibt dies in seinem Roman „Ardinghello": „Im ſchmalen Thal, an der Nera, vor dem Einſchuſſe des Velino, liegt ein Dörfchen von wenig Häuſern, Torroſina, wie in einem kleinen Keſſel. Nachdem ich die ganze Lage beſehen hatte: ſo fand ich, daß die Terner weit weniger und faſt nichts leiden würden, wenn man oben auf dem Gebirge den Velino dahin führte, daß er in die Felſenkluft, wo die Nera furchtſam hervorſchleicht, ſich mit ſeinem Tartar ſtürzte. Außerdem gewännen ſie noch das ganze breite Bett des Fluſſes an die zwey Miglien lang für ihre Waldung; und der ſenkelrechte Sturz ſelbſt würde an Höhe und Schönheit ſeines gleichen nicht in Europa haben, da er jetzt nur gemach ſchräg herab rauſcht. Weil aber Grund und Boden den Torroſinern gehört: ſo müßten ſie denſelben ihnen abkaufen; welcher jedoch an und für ſich keinen Werth hat, da er lauter Felſen iſt, und den etwannigen zukünftigen Schaden zu erſetzen verſprechen, der für ſie entſtehen könnte, wenn die Nera bey großen Waſſern vor der einbrechenden Gewalt des Velino ſollte zurückgehalten werden. Ich ging darauf in die Rathsverſammlung von Terni, und machte mein Gutachten als ein Werksverſtaͤndiger bekannt. Alle, keiner ausgenommen, gaben dazu ihren Beyfall; und dieſer und jener ſagte, daß er dieß ſchon längſt auch gedacht haͤtte. Und ſiehe da! man ſchickte kluge Redner zu den Torroſinern ab, und der ganze Anſchlag wurde mit wenig Koſten genehmigt."[28]

Die Terner von dem verheerenden Elend der Überschwemmungen befreien und gleichzeitig den schönsten und größten Wasserfall in ganz Europa schaffen – besser geht's nicht. Das ist schon ein Gigantismus, wie hier soziale und ästhetische Tat miteinander verknüpft werden. Und wie das Genie des Ich-Erzählers in die betroffene Gegend kommt, das Elend sieht, die Lösung findet und durchsetzt, das hat schon etwas Machohaftes und die Aura des lonesome Cowboys.

Davon abgesehen aber ist diese Geschichte eine gelungene Metapher für einen nicht nur sozialen, sondern gleichzeitig ästhetischen Hedonismus.

Wahrheit

- Essen und Wahrheit

Spinat ist gesund, weil er viel Eisen enthält.

„Viele kennen ihn aus ihrer Kindheit, den Mythos Spinat essen sei besonders gesund, weil das Blattgemüse besonders viel Eisen enthält. Popeye, der Spinat-essende Trickfilm-Matrose, trug

---

28 Heinse, Wilhelm: Ardinghello.Stuttgart 1975, S. 318f. Erstausgabe 1787.

vermeintlich zu diesem Irrtum bei. 1981 wurde der Mythos durch eine Publikation entlarvt, die zeigte, dass die Eisenmessungen in den 1930er Jahren falsch waren und lediglich eine Dezimalstelle verrutscht war. Doch auch diese Feststellung traf nicht des Pudels Kern – es entstand ein Mythos um den Mythos. (...) Tatsächlich aber wurden bereits Jahre zuvor zu hohe Eisenmengen im Spinat von damaligen Wissenschaftlern festgestellt und zwar aufgrund von Eisen-Kontaminationen die durch das Erhitzen von Speisen entstanden und ähnlichen Fehler bei den Erhebungen."[29]

Eier sind ungesund, weil sie zu viel Cholesterin enthalten.

„Liefert das Eierfrühstück zu viel Cholesterin, scheidet der Körper das Überflüssige einfach wieder aus. "Es ist als Gesunder deshalb quasi unmöglich, Cholesterin über die Nahrung zu überdosieren", sagt Christian Prinz, Direktor der Helios Klinik für Gastroenterologie in Wuppertal."[30]

Kaffee entzieht dem Körper Flüssigkeit

„Kaffeetrinker kriegen oft zu hören, dass Kaffee als Getränk nicht zählt. Mehr noch: Kaffee entzieht dem Körper Wasser.

Aber stimmt das eigentlich? Nein, sagt Helga Strube von der Deutschen Gesellschaft für Ernährung (DGE), Sektion Niedersachsen. "Das beruht auf falsch interpretierten Daten früherer Studien." Regelmäßiger und gleichmäßiger Kaffeekonsum beeinflusst den Flüssigkeitshaushalt allein durch die mit dem Kaffee zugeführte Wassermenge. "In der

---

29 Eisen: Spinat, Popeye und der Dezimalstellenfehler - Hungry for Science. Eingesehen am 22.05.2020.
30 Ostern: Treiben Eier den Cholesterinspiegel in die Höhe? - DER SPIEGEL. Eingesehen am 22.05.2020.

Flüssigkeitsbilanz kann Kaffee also getrost mitgezählt werden", sagt Strube."[31]

Margarine ist gesünder als Butter.

„Margarine ist nicht automatisch gesünder als Butter. Auch beim Abnehmen hilft das pflanzliche Fett nicht. (...) Die Warnungen vor Butter sind größtenteils durch Studien widerlegt - sie ist also besser als ihr Ruf. Wem das tierische Fett schmeckt, darf es ohne schlechtes Gewissen auf das Brot schmieren. (...) *Fachliche Beratung: Dr. Gisela Olias, Deutsches Institut für Ernährungsforschung Potsdam-Rehbrücke (DIfE)*[32]

Als moderner aufgeklärter Mensch glaube ich an die Wissenschaft. Und so hat mir die Wissenschaft den Spinat aufgedrängt, den ich unabhängig von der Ergebnissen der Wissenschaft immer mal wieder gerne esse. Sie hat mir das Frühstücksei madig gemacht, die Butter vom Brot genommen und dem Kaffee einen bitteren Beigeschmack verliehen. Und anschließend hat sie mir all das wieder zurückgegeben.

Da kann man schon vom Glauben an die Wissenschaft abfallen und sich die Frage stellen: „Woran kann ich erkennen, ob die Ergebnisse der Wissenschaft wahr sind?"
Die Antwort lautet: „Man kann das meistens nicht." Denn dazu müsste man jede Studie en Detail prüfen, sich in zahlreiche Fachgebiete einarbeiten und man käme vor lauter Prüfungen gar nicht mehr zum Leben und damit zum genussvollen Verzehr der geprüften Lebensmittel.

---

31 Gesundheit - Entzieht Kaffee dem Körper Wasser? - Gesundheit – SZ.de. Eingesehen am 22.05.2020.
32 Tatsache oder Trugschluss: Ist Margarine gesünder als Butter? | STERN.de . Eingesehen am 22.05.2020

Also: „Was tun?" Da nehme ich mir die von mir ansonsten we̱ geachteten Geldanleger zum Vorbild. Sie sagen, ḏ Geldmarktrisiken seien letztlich unberechenbar, aber du kannst dein Risiko minimieren, indem du deine Geldanlagen streust. Wer entgegen diesem Rat bspw. nur in die lange Zeit steigenden Lufthansaaktien investiert hat, hat nun dank Corona ein riesiges Loch in seinem Portemonnaie.

Wer aber in Lufthansa und Fahrräder investiert hat, kann vielleicht seine Lufthansaverluste durch die zurzeit boomende Fahrradindustrie kompensieren.

Das Gleiche gilt für Lebensmittel: Ich esse vielfältig und abwechslungsreich, weil das vielfältigen und abwechslungsreichen Genuss verspricht und ich gleichzeitig, die Risiken, mich krank zu essen, minimiere.

- Wahrheit und Verdrängung

Aber Wahrheit ist nicht nur schwer zu erlangen, sondern auch nicht immer hilfreich. Es gibt Situationen, da ist sie sogar gefährlich ist. So ist für den traumatisierten Menschen die Verdrängung des traumatischen Erlebnisses zunächst Existenz sichernd. Denn würde er sich an das schreckliche traumatische Erlebnis erinnern, würde er als Persönlichkeit zusammenbrechen.

Ein traumatisches Erlebnis für alle Menschen ist die Erkenntnis, sterben zu müssen. Schon die Verfasser der Bibel wussten, welch ein schwerwiegender Einschnitt im Leben eines Menschen diese Erkenntnis ist. Denn schließlich folgt dort auf das Essen vom Baum der Erkenntnis die Vertreibung aus dem Paradies.

Nun kommt es längst nicht bei allen Menschen, die ein

...atisches Erlebnis haben, auch zu einer Traumatisierung. Menschen aber, die durch die Erkenntnis ihrer Sterblichkeit traumatisiert werden, brauchen nun ein kollektive Verdrängung zum Schutz vor einem Zusammenbruch ihrer Persönlichkeit. Und das ist die Religion, die das Bewusstsein der eigenen Sterblichkeit mit dem Versprechen eines Lebens nach dem Tod im wahrsten Sinne des Wortes verdrängt.

In Analogie zur Traumatherapie, die mit behutsamer Konfrontation mit dem traumatischen Erlebnis arbeitet, könnte die langsame Annäherung an die eigene Sterblichkeit und die der geliebten Menschen zu einer Überwindung der Religion und zu einer Annäherung an den Zustand psychischer Gesundheit führen.

Aber auch der nicht-religiöse Mensch kommt meist ohne Verdrängung nicht aus. Würde man sich permanent vor Augen führen, welche Ungerechtigkeit, welches Elend und Sterben und welch grausame Tode in der Welt herrschen, so bestünde die realistische Gefahr, dass man davon ver-rückt und vollends verstört in die Irre geht und irre wird, sodass sowohl Freude und Genussfähigkeit als auch die Fähigkeit, an einer Verbesserung der Welt zu arbeiten, verloren gingen. Und damit wäre auch der 10-Sekunden-Takt, in dem Kinder auf der Welt an Hunger sterben, nicht zu verlangsamen, geschweige denn zum Stillstand zu bringen.

Und so bleibt mir wohl nichts anderes übrig, als zu versuchen, vorsichtig und behutsam eine fragile Balance herzustellen zwischen Verdrängung der und Konfrontation mit der elenden Wirklichkeit, eine Balance, die Freude und Genussfähigkeit erhält und gleichzeitig die soziale Handlungsfähigkeit.

Ich habe also gezeigt, dass die Wahrheit oftmals gar nicht so geliebt und angestrebt wird, wie es in der allseits propagierten Wahrheitsliebe zum Ausdruck kommt. Vielmehr gibt es gegenüber der Wahrheit ein Primat des Leben- und Überleben-Könnens. Nun mag man naiv zunächst meinen, dass die Wahrheit selbstverständlich diesem Primat dient. Tatsächlich aber ist sie ihm nicht immer dienlich, sondern kann dem Leben und Überleben sogar gefährlich werden. Wahrheit ist also nur bedingt beliebt, nämlich nur dann, wenn sie dem (Über)leben dient.

Das Aha-Erlebnis

Ich als Hedonist aber liebe neue Erkenntnisse, kann Aha-Erlebnisse genießen.

So bspw. als ich als Jugendlicher im Religionsunterricht in einem Patmosband mit dem ungefähren Titel „Gespräch mit dem Atheismus" auf Feuerbachs Religionskritik stieß und mich dessen Gedanken, dass Gott und Götter nur von Menschen gemachte Projektionen des Menschlichen seien, faszinierten.

Oder auch in der Coronakrise: Mein Vertrauen in die Virenwissenschaft schwand mit dem sang- und klanglosen Verschwinden des Gedankens der Herdenimmunität. Nicht dass ich der Wissenschaft nicht zugestehe, Fehler zu machen. Fehler zu machen und diese ggfs. zu korrigieren ist ganz im Gegenteil Kerngeschäft der Wissenschaft. Man denke nur an Poppers Falsifikationsprinzip.[33]

Aber als man wohl feststellte, dass das mit der

---

33 Karl R. Popper: *Logik der Forschung* Springer, Wien 1935, Hrsg. von Herbert Keuth, Mohr Siebeck, Tübingen 2005 (11. Aufl., online 2. Aufl. 1966 m. Anm.).

Herdenimmunität nicht funktionieren kann, stellte sich keiner der Wissenschaftler hin und sagte: „Wir haben einen Fehler gemacht, wir müssen die ganze Coronasache noch mal neu denken."

Nein, man schwieg auf einmal über die Herdenimmunität und zauberte aus dem Hut die Reproduktionszahl, also wieviele Menschen ein Infizierter im Durchschnitt ansteckt. Es kursierten Zahlen wie 0,9 an dem einen Tag oder 1,2 an einem anderen Tag und ich fragte mich, wie die Virenwissenschaft zu solch einem exakten Ergebnis kommen kann. Dann schaute ich mir im Internet die Formel an, mit der die Reproduktionszahl berechnet wird, und sah, dass in dieser Formel eine Grundgröße die Zahl ist, wieviele Menschen ein Infizierter ansteckt, wenn noch kein weiterer Mensch infiziert ist und von der Gesellschaft noch keine Infektionsschutzmaßnahmen ergriffen wurden – nämlich die Basisreproduktionszahl.

Laut Robert-Koch-Institut liegt diese Zahl zwischen 2,4 und 3,3. Bei einer solchen Spannweite ist daher die Reproduktionszahl keine exakte Berechnung, sondern bloß eine Schätzung und „alleine (…) auch nicht ausreichend, um den Stand der Pandemie zu beurteilen."[34] Da möchte ich mit Erik Angner, der zur Selbstüberschätzung von Fachleuten geforscht hat, im Duett in den „Fernseher hineinschreien: „Das können Sie doch gar nicht wissen!""[35] Und so folgte die Reproduktionszahl der Herdenimmunität wie ein Lemming und verschwand nach einem kurzen Strohfeuer rasch wieder aus der öffentlichen Debatte.

Solchem Unsinn insbesondere wissenschaftlicher Autoritäten auf

---

34 . Deutschlandfunk.de. Eingesehen amCoronavirus - Die Reproduktionszahl - Wert und Aussagekraft 31.05.2020

35 Angner, Erik im Interview: Die Expertise-Falle. Nicht nur Epidemiologen überbewerten ihr eigenes Wissen. In: DIE ZEIT, 04.06.2020 S. 27.

die Spur zu kommen, ist schon ein detektivisches Vergnügen.

Alkoholgenuss

Sucht man im Internet unter dem Stichwort „Alkohol und Drogen", so findet man bspw. das:

Alkohol und Drogen erneut im Visier der Polizei
NDR·vor 3 Stunden

Polizei kontrolliert Alkohol und Drogen am Steuer
Nordkurier.de·vor 3 Stunden

Corona-Krise - Alkohol und Drogen: Suchtdruck in Thüringen gestiegen
MDR·vor 2 Tagen.[36]

Diese Schlagzeilen zeigen einen weit verbreiteten und verharmlosenden Irrtum, nämlich dass Alkohol keine Droge sei. Tatsächlich aber ist Alkohol in der Welt die Droge Nummer 1 und saugefährlich. Das einzige, was den Alkohol von anderen Drogen unterscheidet, ist, dass er legal ist. So schreibt das Ärzteblatt: „Laut einem heute veröffentlichten Bericht der Weltgesundheitsorganisation (WHO) sterben jedes Jahr rund drei Millionen Menschen weltweit durch Alkoholkonsum – das sind mehr als durch Aids, Gewalt und Verkehrsunfälle zusammen."[37]

Daher hat es immer wieder Versuche gegeben, diese Droge zu verbieten. Das größte gescheiterte Experiment dieser Art war

---

36 Googlesuche unter dem Stichwort „Alkohol und Drogen" am 04.06.2020 um 10h.
37 Aerzteblatt.de: Drei Millionen Todesfälle jährlich durch Alkohol. 21.09.2018, eingesehen am 04.06.2020.

die Prohibition in den USA von 1920 – 1933:
„Positive Auswirkungen
Der Alkoholkonsum sank infolge der Prohibition nachweislich. Alkoholpolitisch unbelastete Mediziner zitieren die Prohibition als Beispiel, wie durch eine Senkung des Konsums die alkoholbedingten Schäden, z. B. die Zahl der Todesfälle durch <u>Leberzirrhose</u>, vermindert werden konnten. Die Zahl der in die Illegalität gezwungenen Alkoholkonsumenten, die an der durch ihre Krankheit verursachten Leberzirrhose verstarben, hat also nicht die Höhe der verstorbenen Konsumenten zu Zeiten legalen Alkoholkonsums erreicht. So war eine deutliche Abnahme der alkoholbedingten Todesfälle in der Fastprohibition 1910-1920 festzustellen, ein Tiefstand 1920-1931 sowie ein langsames, aber stetiges Ansteigen seither.

Negative Auswirkungen

Das Ziel, die Kriminalität zu senken, wurde nicht erreicht. Die landesweit rund 2.300 nur gering entlohnten Prohibitionsagenten waren nicht in der Lage, das Verbot vollständig durchzusetzen. In den Folgejahren entwickelte sich das illegale Geschäft sehr zügig, da die Nachfrage nach Alkohol nicht aufhörte. Als Straftat wurde nur der Verkauf gewertet, nicht der bloße Konsum. Damit gelang der Kriminalität ein beachtlicher Aufschwung. Allein von 1920 bis 1921 stieg die Kriminalität um 24 % an. Auch über die ganzen 1920er Jahre nahm die Kriminalität stark zu:

- 13 % mehr schwere Verbrechen
- 81 % mehr Fälle der Trunkenheit am Steuer (wobei hier allerdings der gleichzeitige Anstieg der Zahl der überhaupt vorhandenen Autos berücksichtigt werden muss)
- 9 % mehr andere Delikte

Die verheerendsten Folgen der Prohibition waren im Hinblick auf den Anstieg der Kriminalität insbesondere bei der organisierten Kriminalität zu beobachten. Kriminelle wie Johnny Torrio und Al Capone in Chicago beispielsweise bauten sich regelrecht eine eigene komplette Alkohol-Industrie auf, da das Verbot es ermöglichte, vielfach höhere Preise für Alkohol zu verlangen."[38]

Die Prohibition ist also der Geburtshelfer mafiöser Strukturen und das Verbot von Alkohol keineswegs eine Lösung des Alkoholproblems.

Die hier beschriebene Strategie – Verbot einer schädlichen Substanz, um den volkswirtschaftlichen und volksgesundheitlichen Schaden zu minimieren – funktioniert also nicht. Sie funktioniert nicht bei Alkohol und auch nicht bei anderen Drogen.

Um nur ein Beispiel zu nennen: Der Handel mit illegalen Drogen hat die Taliban in Afghanistan ökonomisch so stark gemacht, dass auch ein Zusammenschluss der NATO-Länder unter der Führung der USA sie in einem bisher 19 Jahre dauernden Krieg nicht besiegen konnte.

Man muss also anders denken und zuerst fragen: 'Was ist am Alkohol so attraktiv, dass Menschen bereit zu illegalen Handlungen sind, um ihn zu bekommen?'

Der Kleinbürger wird antworten: 'Das Bier ist feinherb.' Oder: 'Dieser Wein ist ein sehr guter Jahrgang.' Alkohol ist also demnach so attraktiv, weil er gut schmeckt. Aber ist das ein hinreichender Grund für illegale Handlungen?

---

38 Prohibition in den Vereinigten Staaten – Wikipedia. Eingesehen am 04.06.2020.

Der Proletarier ist da schon ehrlicher: 'Das knallt aber'. Oder: 'Ich habe die Lampe an.' Hier wird unmittelbar klar: Alkohol ist ein Mittel, sich zu berauschen.

Da aber im kleinbürgerlichen Sinne, sich zu berauschen ein Sündenpfuhl ist, wird das Trinken, um sich zu berauschen, tabuisiert. Die Folge davon ist, dass es kaum eine entwickelte Rauschkultur gibt.

Diese ist aber dringend erforderlich. Denn der Rausch ist sehr ambivalent. Am leichtesten wird diese Ambivalenz sichtbar, wenn man sich die Eigenschaften anschaut, die dem antiken Gott des Weines, Dionysos, zugeschrieben werden: „**Dionysos** (...) ist in der <u>griechischen Götterwelt</u> der Gott des Weines, der Freude, der Trauben, der Fruchtbarkeit, des Wahnsinns und der Ekstase (vergleiche die <u>Dionysien</u>). Er wurde von den Griechen und Römern wegen des Lärms, den sein Gefolge veranstaltete, zusätzlich *Bromios* („Lärmer"), <u>*Bacchus*</u> („Rufer") oder *Bakchos* genannt. Dionysos wurde oft mit <u>Iakchos</u> gleichgesetzt und ist der jüngste der großen griechischen Götter. In der Literatur und Poesie wird er häufig als *Lysios* und als *Lyäus* („der Sorgenbrecher") bezeichnet, aber auch als *Anthroporrhaistes* (Menschenzerschmetterer).[39]

Die positiven dionysischen Eigenschaften also sind: Freude und Sorgenbrecher. Ja, wenn es gut läuft beim Verzehr von Alkohol, kommt man gut drauf und die Sorgen verschwinden.

Die negativen dionysischen Eihenschaften hingegen: Wahnsinn, Lärm und Menschenzerschmetterer. Und wenn es schlecht läuft, kotzt man, wird gewalttätig oder bis zur Verzweiflung weinerlich und plagt sich am nächsten Tag mit Kopfschmerzen. Das Tüpfelchen auf dem i ist dann, wenn man vergessen hat,

---

39 Dionysos. Wikipedia. Eingesehen am 07.06.2020.

was man am Abend zuvor gemacht hat. Alles in allem der Horror des Alkohols.

Als neutral betrachte ich die Eigenschaften: Fruchtbarkeit und Ekstase.

Ich plädiere hier für den kontrollierten Rausch, auch wenn das manch einem wie ein Paradox vorkommen mag. Tatsächlich zielt diese Rauschkultur darauf ab, die positiven dionysischen Eigenschaften zu entfalten und gleichzeitig die negativen zu unterbinden: Also Freude und Sorgenbrecher ohne Lärm, Wahnsinn und Gewalt gegen Menschen.

Dazu sind ein paar Regeln zu beachten:

- Trinke nur, wenn du gut drauf bist. Denn Alkohol ist kein genereller Glücklichmacher, sondern nur ein Stimmungsverstärker. Wenn du also gut drauf bist und Alkohol trinkst, kommst du noch besser drauf. Wenn du aber schlecht drauf bist und trinkst, geht es dir noch schlechter.

- Trinke nicht zu langsam. Denn dann spendet der Alkohol keine Freude.
- Trinke nicht zu schnell. Sonst bist du rasch da, wo der Wahnsinn anfängt.
- 1 L Bier und 0,375 L Wein in zwei Stunden können ein gutes Gefühl geben.
- Dabei deine Lieblingsmusik hören ist hilfreich.
- Ca. 15 Minuten nach dem letzten Schluck sollte man ins Bett gehen. Denn wach nüchtern werden macht nicht wirklich Spaß.

Es ist erstaunlich. Aber der Slogan der Bundestentrale für

gesundheitliche Aufklärung: „Kenn dein Limit"[40], kommt dem sehr nahe.

Die Hymne des sozialen Hedonismus...

...ist weltweit bekannt. Es ist Friedrich Schillers „Ode an die Freude" und am erfolgreichsten in Beethovens 9. Symphonie vertont und sogar zur EU-Hymne erkoren.

Hier also die „Ode an die Freude" und zwar in der Textform, die Beethoven für seine Neunte Symphonie verwendete, und in der zweiten Spalte stichwortartig die inhaltlichen Schwerpunkte, die gepriesen werden:

O Freunde, nicht diese Töne! Sondern laßt uns angenehmere Anstimmen und freudenvollere. Freude! Freude! Freude, schöner Götterfunken, Tochter aus Elysium, Wir betreten feuertrunken, Himmlische, dein Heiligthum! Deine Zauber binden wieder Was die Mode streng geteilt; Alle Menschen werden Brüder, Wo dein sanfter Flügel weilt. Wem der große Wurf gelungen, Eines Freundes Freund zu sein;	Freude Menschenliebe Freundschaft

---

40 Bewusst genießen - im Limit bleiben!: Alkohol? Kenn dein Limit. Www.kenn-dein-limit.de. Eingesehen am 11.06.

Wer ein holdes Weib errungen,
Mische seinen Jubel ein!

Ja, wer auch nur eine Seele
Sein nennt auf dem Erdenrund!
Und wer's nie gekonnt, der stehle
Weinend sich aus diesem Bund!

Freude trinken alle Wesen
An den Brüsten der Natur;
Alle Guten, alle Bösen
Folgen ihrer Rosenspur.
Küsse gab sie uns und Reben,
Einen Freund, geprüft im Tod;
Wollust ward dem Wurm gegeben,
Und der Cherub steht vor Gott.

Froh, wie seine Sonnen fliegen
Durch des Himmels prächt'gen Plan,
Laufet, Brüder, eure Bahn,
Freudig, wie ein Held zum Siegen.

Seid umschlungen, Millionen!
Diesen Kuß der ganzen Welt!
Brüder, überm Sternenzelt
Muß ein lieber Vater wohnen.
Ihr stürzt nieder, Millionen?
Ahnest du den Schöpfer, Welt?
Such' ihn überm Sternenzelt!
Über Sternen muß er wohnen.

Liebe	
Naturerlebnis	
Liebe, Wein und Alkoholgenuss	
Menschenliebe	

Seid umschlungen, Millionen! Diesen Kuß der ganzen Welt! Brüder, überm Sternenzelt Muß ein lieber Vater wohnen. Seid umschlungen, Diesen Kuß der ganzen Welt! Freude, schöner Götterfunken Tochter aus Elysium, Freude, schöner Götterfunken, Götterfunken.[41]	Menschenliebe

Ja, das ist ein patriarchalischer Text: „Alle Menschen werden Brüder". Gemeint ist hier wohl nicht die Geschlechtsumwandlung der Frauen. Vielmehr werden die Frauen schlichtweg aus dem Begriff Menschheit heraus definiert. Das ist zutiefst diskriminierend, aber der Geist der damaligen Zeit: So sind die Schlagwörter der Französischen Revolution gleichlautend: Liberté, égalité, fraternité – also auch Brüderlichkeit.

Frauen kommen nur als „holde Weib(er)" vor, die von Männern „errungen" werden. Als Subjekte des Handelns erscheinen sie hier nicht.

Also muss es heute heißen: 'Alle Menschen werden G'schwister.'

---

41 Songwriter: Ludwig Van Beethoven / Arrangement Library
      Songtext von Symphony no. 9 in D minor, op. 125: IV. "O Freunde nicht diese Töne" © Supraphon Schallplatten, Koka Media, Supraphon Schallplatten Und Musikverlag, Emi Production Music Gmbh. Internet Stichwort: Text Beethovens 9. Eingesehen am 13.06.2020.

Neben dem patriarchalischen, Frauen diskriminierenden Ungeist ist auch das Pathetische der Ode befremdlich. Aber was ist die message dieser Ode, ihre Botschaft, was wird hier in den höchsten Tönen gepriesen?

Freude, Menschenliebe, Freundschaft, Liebe, Naturerlebnis und Alkoholgenuss. All das wofür der soziale Hedonismus steht.

Leiden

Ja, es gibt sie die lange Tradition des Hedonismus in der europäischen Philsophie, von Epikur bis Ludwig Marcuse[42], aber dieser Zweig war immer schwach gegen die dominierende Kultur und Verherrlichung des Leidens:

Friedrich Nietzsches: „Was mich nicht umbringt, macht uns nur noch stärker."[43]
Das ist der vielleicht wichtigste Grundsatz der schwarzen Pädagogik, der physisches Leid wie Schläge mit dem Rohrstock und psychisches Leid wie Demütigungen – 'du bist nichts, du kannst nichts und du wirst nichts' – rechtfertigt und so den Körpern und den Persönlichkeiten von Millionen von Kindern erhebliche Verletzungen bis hin zur völligen Zerstörung zufügt.

Martin Luthers: „Wir bitten in diesem Gebet, dass uns der Vater im Himmel vom Bösen und allem Übel an Leib und Seele, Gut und Ehre erlöse und zuletzt, wenn unser Stündlein kommt, ein seliges Ende beschere und mit Gnaden von diesem Jammertal zu

42 Marcuse, Ludwig: Die Philosophie des Glücks. Von Hiob bis Freud. Europa, Wien/Zürich 1949.
43 Nietzsche, Friedrich. In: Götzendämmerung.

sich   nehme   in   den   [Himmel]."[44]

„Wir" sind die Sünder, die Böses getan und Übel zugefügt haben, und unsere Realität ist das „Jammertal". Daran ist auch nichts zu ändern, sondern das Jammertal muss ertragen werden, will man wenigstens das „selige Ende" im Jenseits erreichen. Und dies gelingt auch nur durch die Gnade Gottes. Also Sünder, senke dein Haupt und ertrage alles Elend und alle Ausbeutung im Hier und Jetzt – die perfekt herrschaftsstabilisierende Ideologie für die damals herrschenden Adligen.

Die christliche Kultur hat aber in ihrer Kultur des Leidens noch eins drauf zu setzen und das dürfte dann auch nicht mehr zu überbieten sein: Mk 14,22ff lautet:
„Während des Mahls nahm er das Brot und sprach den Lobpreis; dann brach er das Brot, reichte es ihnen und sagte: Nehmt, das ist mein Leib. Dann nahm er den Kelch, sprach das Dankgebet, reichte ihn den Jüngern und sie tranken alle daraus. Und er sagte zu ihnen: Das ist mein Blut, das Blut des Bundes, das für viele vergossen wird. Amen, ich sage euch: Ich werde nicht mehr von der Frucht des Weinstocks trinken bis zu dem Tag, an dem ich von neuem davon trinke im Reich Gottes."[45]

„Gott selbst sei darin präsent, leide und sterbe mit seinem Sohn. Gottes Reich werde kommen und alle Gewaltherrschaft überwinden. Jesus selber habe diese Zusage Gottes für alle hoffnungslos Versklavten und Gefolterten ultimativ bekräftigt, indem er sein Leben am Fest der Befreiung Israels für alle Völker hingab. So begründet die älteste narrative Deutung des Kreuzestodes Jesu eine unkündbare Solidarität von Christen mit

---

44 <u>Luther, Martin</u>: Der Kleine Katechismus, Über das Vaterunser.
45 <u>Passion Christi – Wikipedia</u>

Juden und allen zu Unrecht Verfolgten."[46]

Aber wann kommt das Reich Gottes und die Überwindung aller Gewaltherrschaft? Selbstverständlich erst wenn die Zeit des Weltendes gekommen ist und dann für ewig im Jenseits. So mag ja die Solidarität mit allen hoffnungslos Versklavten sehr ehrbar sein, aber im Hier und Jetzt hilft sie ihnen nicht weiter.

Ja, es gibt sie die Theologie der Befreiung, aber aus dem Leiden Christi lässt sie sich nicht ableiten.

Vielmehr verwandelt sich Gott – allmächtig und allwissend – in seinen Sohn, der sein Todesurteil gott!ergeben hinnimmt, sein Folterwerkzeug unter großen Qualen schleppt, bis er zusammenbricht und sich von Menschen zu Tode foltern lässt, um eben diese Menschen zu retten. Hier wird das Leid und die Hinnahme von Leid ohne jegliche Gegenwehr vergöttlicht – „so geschehe dein (Gottes) Wille"[47] - und damit das Ertragen von Leid absolut überhöht. Der Leidensweg von Jesus ist also das Modell dafür, unendliches Leid ohne Gegenwehr zu ertragen und dann noch seinen Folterern und Mördern zu vergeben – herrschaftsstabilisierende Ideologie par excellence.

Dementsprechend äußert sich dann auch Papst Johannes Paul II: „Die heilbringende Kraft des Leidens erklärend sagt der Apostel Paulus: »Für den Leib Christi, die Kirche, ergänze ich in meinem irdischen Leben, was an den Leiden Christi noch fehlt«.(l)
Diese Worte stehen gleichsam am Ende des langen Weges, der sich durch die Leiden hin erstreckt, die zur Geschichte des Menschen gehören und vom Wort Gottes erhellt werden. Es kommt ihnen fast die Bedeutung einer endgültigen Entdeckung

---

46 Jesus Christus – Wikipedia
47 Bibel: Matthäus 26, 42.

zu, die von Freude begleitet ist; daher schreibt der Apostel: »Jetzt freue ich mich in den Leiden, die ich für euch ertrage«. (2) Die Freude kommt aus der Entdeckung des Sinnes des Leidens. Eine solche Entdeckung ist, obwohl Paulus von Tarsus, der diese Worte schreibt, ganz persönlich davon betroffen ist, zugleich auch gültig für andere. Der Apostel teilt seine eigene Entdeckung mit und freut sich darüber wegen all jener, denen sie helfen kann - so wie sie ihm geholfen hat -, den *heilbringenden Sinn des Leidens* zu ergründen.

Auch wenn Paulus im Brief an die Römer geschrieben hat, daß »die gesamte Schöpfung bis zum heutigen Tag seufzt und in Geburtswehen liegt«,(3) und dem Menschen die Leiden der Tierwelt bekannt sind und nahegehen, so scheint doch das, was wir mit dem Wort »Leiden« zum Ausdruck bringen, *wesentlich die Natur des Menschen* zu betreffen. **Es ist so tief wie der Mensch selbst, gerade weil es auf seine Weise die dem Menschen eigene Tiefe ausdrückt und sie seinerseits noch übersteigt. Das Leiden scheint zur Transzendenz des Menschen zu gehören:** Es ist einer jener Punkte, wo der Mensch gewissermaßen dazu »bestimmt« ist, über sich selbst hinauszugehen, und dazu auf geheimnisvolle Weise aufgerufen wird.[48]

Das Leiden also erhebt den Menschen zu seinem Wesentlichen, seiner Transzendenz, die ihn über das Tier erhebt. Was für eine verschwiemelte Denke!

Aber was ist 'Transzendenz' entschwiemelt? Entschwiemelt ist Transzendenz die Unfähigkeit, die Banalität der menschlichen Existenz, dass der Mensch 'bloß' ein Tier ist und der Tod des Menschen 'bloß' das Ende seiner Existenz ist, zu ertragen. Es ist

---

48 APOSTOLISCHES SCHREIBEN *SALVIFICI DOLORIS* SEINER HEILIGKEIT PAPST JOHANNES PAUL II. AN DIE BISCHÖFE, PRIESTER, ORDENSLEUTE UND GLÄUBIGEN DER KATHOLISCHEN KIRCHE ÜBER DEN CHRISTLICHEN SINN DES MENSCHLICHEN LEIDENS

die fehlende Demut – wir brauchen keine Demut gegenüber Herrschenden, sondern Demut gegenüber denen, denen es elend geht – die sich darin ausdrückt, dass der Mensch sich nicht über das Tier erhebt, sondern lediglich versucht, „so zu leben, daß man glauben darf, ein gutes Tier gewesen zu sein.“[49]

Der polnische Papst Johannes Paul II ist dann, statt ein Tier zu sein, lieber Masochist: „Die Freude kommt aus der Entdeckung des Sinnes des Leidens.“ Und dieses Leiden gibt dem Menschen eine ganz „eigene Tiefe“ und Transzendenz. Der Mensch wird also erst durch das Leiden zum wahren Menschen mit einer Transzendenz, die ihn über das Tier erhebt.

Ja, jeder Mensch erlebt in seinem Leben Leid und das nicht zu knapp. Und die Fähigkeit, sich mit dem Leid auseinanderzusetzen und mit ihm zu leben, ist für Menschen (über)lebensnotwendig.

Ja, es scheint so zu sein, dass, wenn das Leid einen Sinn zu haben scheint, es für viele Menschen leichter zu ertragen ist. Tatsächlich aber führt der angebliche Sinn des Leids zu einer Rechtfertigung des Leids und so dazu, dass die Menschen eher bereit sind, unnötiges Leid als unveränderlich hinzunehmen, ja, dass man ihnen das Leid nicht nehmen darf. Denn dadurch erst erheben sie sich über das Tier und erhalten Transzendenz und werden nicht oder kaum dafür kämpfen, das Leid in der Welt zu mindern und die gesellschaftlichen Bedingungen, die Leid produzieren, zu verändern. Was für eine verschwiemelte Kacke.

Nein, ein „natürliches“ Leid gibt es nicht und ich halte es da eher mit Simone de Beauvoir, die über den größten Leidproduzenten, den Tod, sagt: „Alle Menschen sind sterblich: aber für jeden Menschen ist sein Tod (...) ein unverschuldeter

---

49 Adorno, Theodor W.: Negative Dialektik. Frankfurt a.M. 1966. S. 294

Gewaltakt".[50] Und so ist auch jedes andere Leid ein Gewaltakt an dem Menschen, dem das Leid zugefügt wird – nicht mehr und nicht weniger.

Nur der Vollständigkeit halber und weil die meisten meiner Professoren in meinem Philosphiestudium ganz unkantianisch Kant verehrt haben wie Gott, sei hier noch dessen Pflichtethik erwähnt, wonach der soziale Hedonismus – also Gutes tun, weil es einem selber – auch – gut tut, tierisch, unmoralisch oder zumindest nicht moralisch ist.

Was aber hat das alles mit einer Kochbuchphilosophie zu tun. Nun – in unserer Gesellschaft und wahrscheinlich auch in allen anderen gibt es bestimmte Denkmuster, die in unterschiedlichsten Bereichen wiederkehren. Ich habe hier das Denkmuster 'erst durch Leiden wird der Mensch zum Mensch und erst wenn er sich leidvoll quält, erhält seine Existenz einen Sinn' in der christlichen Religion aufgezeigt. Aber da das Christentum im Gegensatz zum Faschismus in Europa über tausend Jahre herrschte, so findet sich dieses Denkmuster auch in unserer Esskultur wieder:

Man denke an all die Diäten und an oberster Stelle an das Heilfasten: „**Heilfasten** ist eine Form des nicht religiös motivierten Fastens und soll zumeist der „Entschlackung" oder Regeneration des Körpers dienen. Zum Teil beruhen die dem Heilfasten zugeschriebenen Wirkungen auf nicht belegten medizinischen Annahmen. Gleichzeitig gibt es auch wissenschaftlich belegte positive Auswirkungen des Fastens. Oft ist mit dem Heilfasten auch der Wunsch nach einer „seelischen Reinigung" verbunden."[51]   Heilfasten ist nichts anderes als

50 Beauvoir, Simone de: Ein sanfter Tod. Hamburg 1975.
51 Heilfasten – Wikipedia

hungern, also nichts essen. Man wird zum Selbstquäler und glaubt dadurch den Körper zu regenerieren und die Seele zu reinigen.(...) Wie zynisch mag das auf die Millionen von Menschen wirken, die hungern müssen. Aber wie bei Papst Paul Johannes II das Leiden zur Transzendenz zu gehören scheint und so der Mensch durch das Leiden zum besseren Menschen wird, so wird beim Heilfasten durch das Leid des Hungerns die Seele gereinigt und so der Mensch besser.

Zweifellos hat Schmerz einen Sinn: Er schützt uns vor Gefahren, z.B. die Hand auf eine heiße Herdplatte zu legen oder mit dem Hammer statt auf einen Nagel auf die eigene Hand zu schlagen. Aber das gibt in keiner Weise eine Rechtfertigung oder gar eine Begründung dafür, das Leid sinnhaft zu überhöhen.

Genauso wenig wie ich in begrenztem Maße die sinnvolle Funktion von Schmerz abstreite, genauso sehr möchte ich die Anstrengung wertschätzen. Sich in einen komplizierten Text hineinzuknien und ihn endlich zu verstehen, kann ein Glücksmoment sein und erst recht, wenn man ein gefühltes unklares Unbehagen an einem Sachverhalt schließlich gedanklich auf den Punkt bringt. Aber neben dieser geistigen Anstrengung ist die körperliche genauso wichtig. Schon 45 Minuten anstrengendes Fahrradfahren können Endorphine freisetzen und das Wohlbefinden heben. Wer aber über 42 km Marathon läuft, wird zum Selbstquäler und setzt seine Gesundheit und sein Leben aufs Spiel. Denn „Auf 100.000 Marathonläufer kommen ein bis zwei Tote."[52]
Die Reihe der Selbstquäler lässt sich beliebig fortsetzen:
   — so die Teilnehmer einer Karfreitagsprozession auf Korsika, die sich mit Geißeln auf den nackten Rücken schlagen

---

[52] Rheinische Post Online: <u>Tod nach Düsseldorf Marathon: SolltenⱭSportler vor dem Start vom Arzt untersucht werden?</u>

- oder die bereits beschriebenen ewig Hunger leidenden AnbeterInnen des magersüchtigen Schönheitsideals
- die Veganer, die wie Jesus gleich die ganze Welt retten und beim Essen verzichten auf Rinderroulade, Frischkäse Honig Senf, Zaziki, Iberico-Käse, Parmaschinken, Kräuterquark usw.
- oder heute, 16.07.20, zufällig im General Anzeiger gefunden die Rezension eines Textes des Philosophen Byung-Chul Han, der schreibt: „Erst das Leiden (...) „bringt den Geist dazu, eine heilende Gegenwelt zur vorhandenen zu errichten"[53]. ...

... und über allem thront Jesus, der größte Selbstquäler aller Zeiten.

Reinheit

Reinheit ist nicht bloß ein ambivalenter Begriff, sondern schillernd wie ein Kaleidoskop, bei dem allerdings die dunklen Farben dominieren.

- Reines Essen und Trinken

Wer will etwas gegen das Reinheitsgebot des Bieres – nur Wasser, Hopfen und Malz - einwenden?

Auch freue ich mich, dass der Rhein wieder so rein ist, dass es dort wieder mehr Fische gibt und auch Menschen ohne Gesundheitsgefährdung durch Verschmutzung dort wieder schwimmen können. Zum Schutz vor gefährlichen Strömungen ist die Wiedererrichtung von Rheinschwimmbädern, wie es sie

---

53 Wilmes, Hartmut: Kritik am Wahn der Selbstoptimierung. In General-Anzeiger Bonn, 16.07.20, S. 10.

früher schon einmal gab, wünschenswert.

Wasser wird man lieber aus einer reinen Quelle trinken, und die reine Seele gilt mit Sicherheit als die beste Seele. So umgibt den Begriff der Reinheit die Aura besonderer Qualität und des moralisch hoch Stehenden.

Aber schon beim Mehl wird es schwierig.

„Die Type gibt also die Milligramm Mineralien pro 100 Gramm Mehl an. Und je höher der Wert, umso mehr Mineralstoffe, wie Kalium und Magnesium, enthält ein Mehl. Auch der Gehalt an pflanzlichem Eiweiß, B-Vitaminen und Ballaststoffen ist höher. Die Mehltype ist abhängig davon, wie viel vom Korn ausgemahlen wird - also nur der Mehlkörper, oder auch Bestandteile der Schale. Je höher der Wert für die Mehltype, umso grobkörniger ist das Mehl und umso langsamer nimmt es Flüssigkeit auf. Mehl mit hoher Type ist schwerer zu verarbeiten, dafür aber gesünder." Je unreiner also das Mehl, desto gesünder.[54]

- Reine Frauen

Als die beste unter allen Frauen gilt zumindest im christlichen Abendland die Jungfrau Maria. „Die **Jungfrau Maria**, lebte ihr ganzes Leben jungfräulich. Die Lateransynode des Jahres 649 unter Papst Martin I. hebt die **drei Momente** der Jungfräulichkeit Mariens hervor, wenn sie von der „heiligen, immer jungfräulichen und makellosen Maria" lehrt, .sie habe ohne Samen vom Heiligen Geist empfangen, ohne Verletzung (ihrer Jungfräulichkeit) geboren, und ihre Jungfräulichkeit habe

---

54 Mehl im Test und dazu eine Warenkunde | Marktcheck | SWR Fernsehen. Eingesehn am 23.08.2020.

auch nach der Geburt unversehrt fortbestanden" (D 256).

"Maria war Jungfrau **vor**, **in** und **nach** der Geburt" (Dogma)."[55]

Die Jungfräulichkeit gehört also wesentlich zur Makellosigkeit Mariens. Im Umkehrschluss sind also alle Frauen, die nicht jungfräulich sind, mit Makel behaftet – mit dem Makel, wenn Frau ihre Jungfräulichkeit verliert, mit dem Makel der Samenflüssigkeit in ihrem Körper und mit dem Makel von Blut, Schweiß und Tränen der Geburt. Und das Blut, das bei Frauen jeden Monat fließt, macht sie in solch einem Frauenbild sicherlich nicht reiner. So sind per se alle Frauen, die menstruieren, Sex haben und Kinder gebären, mit Makel behaftet, unrein und somit Menschen zweiter Klasse. Der Jungfrauenkult Mariens ist also in Wahrheit ein Kult der Herabsetzung von Frauen, die ihr Leben mit Menstruation, Sex und der Geburt von Kindern leben.

So wird also in den Frauen das Selbstbild der Unreinheit installiert und damit ein kollektiver Waschzwang. Denn Frauen mit diesem Selbstbild werden sich ihr Leben lang rein waschen wollen und ihr Leben lang damit scheitern. Deshalb ist die Werbung mit Clementine, die reiner als rein wäscht, so erfolgreich.

- Reine Rasse

Die reine Rasse der Arier sollte nach dem Glauben Hitlers und anderer Faschisten den Herrenmenschen hervorbringen, der allen anderen Menschen in jeglicher Hinsicht überlegen ist, sodass die anderen Menschen entweder als überflüssig – die Faschisten nannten das „unwertes Leben" - galten und bspw. in

---

55 Jungfrau Maria – Kathpedia. Eingesehen am 12.08.20.

sogenannten Euthanasieprogrammen ermordet wurden oder als Diener oder Sklaven doch zu etwas nütze waren – nämlich zu dienen und den Rücken krumm zu machen, z.B. als Zwangsarbeiter.

Wie frau und mann weiß, lief dieses Projekt völlig aus dem Ruder und Hitler setzte das Projekt Deutschland so was von in den Sand wie keiner vor ihm. Somit ist Hitler zwar an erster Stelle ein Massenmörder, was aber viel zu wenig beachtet wird, gleichzeitig der größte Versager der Deutschen Geschichte. Hitler selbst widerlegt mit seiner Niederlage im 2. Weltkrieg seine Theorie von der Überlegenheit des arischen Herrenmenschen, wird dieser doch u.a. von dem Mischlings- und gemischten Volk USA besiegt. Das beweist nichts, ist aber ein weiteres Indiz dafür, dass die Mischung unterschiedlichster Menschen jedem Rasseprojekt überlegen ist.

Ein besonders schönes Beispiel für die Blödheit der Lehre von reiner Rasse und reinem Blut ist die Inzucht im Adel:

„Hochadel

Beim europäischen dynastischen Hochadel bestanden restriktive Heiratsregeln. Das überzogene Gebot der Ebenbürtigkeit und eine über Familienbeziehungen betriebene Außenpolitik sollten dabei helfen, politischen Einfluss und ökonomische Potenz innerhalb der Familie zu bewahren. Zudem durften lange Zeit Ehen nur innerhalb der eigenen Glaubensgemeinschaft geschlossen werden, so dass zwischen dem 16. und dem 19. Jahrhundert mehr oder weniger geschlossene katholische, lutherische und reformierte „Heiratszirkel" existierten. Ideologisch wurden diese restriktiven Heiratsregeln durch den Glauben an eine „göttliche Kraft" „guten Blutes" überhöht, die, so meinte man, durch Eheschließung und Fortpflanzung mit Inhabern gleichen oder gleichrangigen „edlen" Geblütes verstärkt werde. Auf diese auch vom Volk geglaubte Ideologie gehen heute noch benutzte Ausdrücke wie „von adeligem Geblüt" oder von „blauem Blut" zurück.

Das kanonische Recht der katholischen Kirche verbot zwar Eheschließungen zwischen engen Verwandten; sie machte jedoch bei Angehörigen des Hochadels fast immer von ihrer Prärogative einer Ausnahmegenehmigung (Päpstlicher Dispens) Gebrauch und hob das Ehehindernis auf.

Die bekanntesten unter dem europäischen Hochadel verbreiteten Erbkrankheiten sind die Hämophilie (Bluterkrankheit) und die geistige Behinderung. Die hohe Zahl von Ehen im engen und engsten Verwandtschaftskreis wird als Ursache für das Aussterben einiger großer europäischer Dynastien (insbesondere des spanischen Zweiges des Hauses Habsburg) angenommen.

Haus Habsburg

Eine Studie unter der Leitung des Genetikers Gonzalo Álvarez, Santiago de Compostela, aus dem Jahre 2008 befasste sich mit der historischen Hypothese, dass Inzucht der Grund für das Aussterben der spanischen Habsburger (1516–1700) gewesen sei und kam nach der Untersuchung von mehr als 3000 Individuen aus 16 Generationen zu dem Ergebnis, dass der Inzuchtkoeffizient der spanischen Habsburger von 0,025 für König Philipp I., den Begründer der Dynastie, auf 0,254 für Karl II. immer weiter anstieg und dass gegen Ende der Dynastie mehrere Mitglieder einen Inzuchtkoeffizienten von über 0,20 hatten." Das ist ein deutlich höherer Inzuchtkoeffizient als bei einer Heirat von Cousin und Cousine.

„Álvarez kam zu dem Ergebnis, dass dieser hohe

Inzuchtkoeffizient nicht nur für das äußere Erscheinungsbild der Vertreter dieser Linie der Habsburger (unter anderem „Habsburger Lippe") verantwortlich war, sondern auch für Unfruchtbarkeit und eine erhöhte Mortalität. Letztendlich verantwortlich für das endgültige Aussterben der spanischen Habsburger war laut der Studie das „Zusammentreffen" von zwei Erbkrankheiten bei Karl II."[56]

Also noch einmal: Die Mischung macht's!

- Reine Ideen

Zu der Blödheit der reinen Rasse gesellt sich die Blödheit der reinen Vernunft.

So muss Platon in seinem Höhlengleichnis, das die reinen Ideen des Wahren, Guten und Schönen propagiert, zu diesem Zweck die empirisch erfassbare Umgebung des Menschen derart verzerren, dass sie kaum noch erkennbar ist: „ In der Höhle leben Menschen, die dort ihr ganzes Leben als Gefangene verbracht haben. Sie sind sitzend an Schenkeln und Nacken so festgebunden, dass sie immer nur nach vorn auf die Höhlenwand blicken und ihre Köpfe nicht drehen können. Daher können sie den Ausgang, der sich hinter ihrem Rücken befindet, nie erblicken und von seiner Existenz nichts wissen. Auch sich selbst und die anderen Gefangenen können sie nicht sehen; das Einzige, was sie je zu Gesicht bekommen, ist die Wand, der sie zugedreht sind. Erhellt wird ihre Behausung von einem Feuer, das hinter ihnen weit oben in der Ferne brennt. Die Gefangenen sehen nur dieses Licht, das die Wand beleuchtet, nicht aber dessen Quelle. Auf der Wand sehen sie Schatten."[57]

---

56 Erbkrankheiten beim Adel – Wikipedia. Eingesehen am 27.08.2020.
57 Höhlengleichnis - Wikipedia. Eingesehen am 31.08.2020.

Die meisten Menschen finden wohl die Situation der Höhlenbewohner schrecklich. Aber warum finden wir sie schrecklich?

Platon will uns weismachen, dass diesen Menschen die Erkenntnisse der reinen - nämlich von allen sinnlichen Erfahrungen gereinigten – Ideen des Guten, Wahren und Schönen fehlen.

Tatsächlich aber geht es diesen Höhlenbewohnern so dreckig, weil sie massivster physischer und psychischer Folter ausgesetzt sind:

- Freiheitsberaubung so extrem durch Fixierung von Kopf und Körper dass sich im Vergleich dazu jeder Gefangene im Gefängnis frei fühlen würde
- völlige Isolation von anderen Menschen – andere Menschen nicht hören, nicht sehen, geschweige denn zärtlich berühren können
- extreme verarmte Umwelt – alle möglichen Sinneseindrücke, also empirische Erfahrungen wie das Hören von Presslufthämmern und dem Zwitschern von Vögeln oder das Sehen von Michelangelos David und Botticellis Venus oder das Riechen von Spaghetti Carbonara und frisch geriebenem Parmesan, werden reduziert auf das Starren von Menschen auf Schatten.

Lieber Platon, gib diesen Menschen die Vielfalt ihrer empirischen Erfahrungen, also alle möglichen Sinneseindrücke, zurück und sie haben die Chance, glücklich zu werden ohne deinen Ideenhimmel. Denn dieser Himmel ist die wahre Höhle – reine Ideen leer und hohl, eine Folterkammer für sinnliche Menschen.

Kochen und Essen

Jede Arbeit bewegt sich zwischen den Polen der größtmöglichen Qual allein zum Zweck der Selbsterhaltung – und der freien Entfaltung der eigenen Kräfte und Fähigkeiten zum Zwecke der Selbstverwirklichung.

Und so kann auch das Kochen einerseits eine große Qual sein, so wenn der oder die Kochende nicht im eigenen Betrieb arbeitet, vom Eigentümer unter Druck gesetzt wird, um 12-stündige Schichten der Küchenmitarbeiter durchzusetzen, minderwertige Lebensmittel eingesetzt werden, um den Kostenanteil der Waren zu senken, und der Koch das Essen, das er produziert, nicht verzehren darf. Denn das, was er produziert, gehört ihm ja nicht – entfremdete Arbeit.

Andererseits kann das Kochen für große Freude beim Kochenden sorgen: Der Koch steht in seiner eigenen Küche, war zuvor auf dem Markt und hat frische Zutaten für seine Arbeit eingekauft, entwickelt Kreativität bei der Zubereitung seiner Speisen und wird im besten Fall zum Künstler, der im Akt des Kochens ein Kunstwerk schafft. Irrtümlicherweise gilt in unserer Gesellschaft für normal kein Koch als Künstler. Das liegt aber nur daran, dass das Essen nicht wie ein Bild im Museum die Illusion von Dauer und Überwindung der Endlichkeit des Künstlers erzeugt, sondern ganz im Gegenteil dadurch, dass es im Kunstgenuss – nämlich dem Essen – sich selbst zerstört und uns so in jedem Kunstgenuss daran erinnert, dass wir nur sterbliche Tiere sind.

Der Koch, der ein sozialer Hedonist ist, wird selbstverständlich sein Essen nicht allein verzehren, sondern es mit der Familie und/oder mit Freunden teilen, guten Wein dazu trinken und nicht nur philosophische Gespräche führen – seiner Familie und seinen Freunden Gutes tun - auch – weil es ihm selbst gut tut.

Rezepte

Alle Rezepte sind für zwei Personen. Es werden nur frische Zutaten verwendet, es sei denn, etwas anderes wird ausdrücklich erwähnt.

Auberginen mit Gehacktes und Bandnudeln

Zutaten:

2 Auberginen
350g Rindergehacktes
180g Bandnudeln
1 Knoblauchzehe
2 gehäufte Teelöffel Salz
1 gehäufter Teelöffel Gemüsebrühe
1 Drittel Tube Tomatenmark
5 Esslöffel Rapsöl
0,2 L Wasser
0,2 L Sahne
2g Oregano
60g Parmesan am Stück

Zubereitung:

Die Auberginen halbieren und in 4 mm dicke Scheiben schneiden, kurz in kaltes Wasser legen und dann in ein Küchentuch einwickeln und trocknen. Die Knoblauchzehe schälen und pressen.

Einen Topf mit 1,5 L Wasser, 1 Esslöffel Rapsöl und einem gehäuften Teelöffel Salz zum Kochen bringen. Die Nudeln

---

hinzufügen und 9 Minuten bei kleiner Temperatur kochen. Die Nudeln in ein Sieb gießen und kurz mit kaltem Wasser abschrecken.

Gleichzeitig in einer großen Pfanne 4 Esslöffel Rapsöl erhitzen und das Gehacktes anbraten. Das Gehacktes in kleine Stücke zupfen. Nach dem ersten Wenden die Auberginen, den Knoblauch und einen gehäuften Teelöffel Salz hinzufügen und noch ca. 10 Minuten braten.

In einem kleinen Topf 0,2 L Wasser, die Sahne, das Tomatenmark, die Gemüsebrühe und den Oregano zum Kochen bringen. Dabei mit einem Schneebesen das Tomatenmark in der Soße verrühren. Die Soße über die Auberginen geben und verrühren. Den Pfanneninhalt in eine Schüssel geben.

Den Parmesan mit einer groben Handreibe oder mit dem Schnitzelwerk der Küchenmaschine mit der Scheibe, die nicht durchgängig die kleinsten Löcher hat, reiben.Den Parmesan auf dem Teller über die Soße geben.

Auberginenauflauf mit Kartoffeln und Rindergehacktes

Zutaten:

2 Auberginen
6 Kartoffeln
350g Rindergehacktes
0,2 L Sahne
0,3 L Wasser (Auberginen ziehen viel Flüssigkeit.)
1 Zwiebel

1 Knoblauchzehe
3 Esslöffel Olivenöl
Pfeffer 16 mal die Pfeffermühle gedreht
1 Drittel Tube Tomatenmark
1 gehäufter Teelöffel Gemüsebrühe
3g Oregano
2g Edelsüßpaprika
200g geriebener junger Gouda

Zubereitung:

Die Kartoffeln schälen und mit dem Schnitzelwerk der Küchenmaschine in Scheiben schneiden. Die Metallscheibe mit einem Spalt von 4 mm verwenden. Die Kartoffeln in eine Auflaufform legen, salzen, mit einem Esslöffel Olivenöl beträufeln und zunächst 10 Minuten im auf 220 Grad vorgeheizten Backofen backen.

Von den Auberginen das Grüne entfernen, sie in 4mm dünne Scheiben schneiden und, nachdem die Kartoffeln 10 Minuten gebacken haben, auf die Kartoffeln legen.

In einem kleinen Topf das Wasser, die Sahne, 1 gehäuften Teelöffel Salz, 2g Oregano, das Paprikagewürz und das Tomatenmark mit dem Schneebesen verrühren, kurz aufkochen und über die Auberginen und die Kartoffeln gießen. 25 Minuten auf 200 Grad backen.

Die Zwiebel schälen und klein schneiden. Die Knoblauchzehe schälen und pressen. In einer Pfanne 2 Esslöffel Öl erhitzen und das Gehacktes, die Zwiebel und den gepressten Knoblauch in der Pfanne 7 Minuten braten. Mit einem gestrichenen Teelöffel Salz, Pfeffer von12 Umdrehungen mit der Pfeffermühle und dem restlichen Oregano würzen.

10 – 15 Minuten vor dem Ende der Backzeit über die Auberginen geben.

5 Minuten vor Ende der Backzeit den Gouda über das Ganze streuen.

Wenn der Auflauf vor dem Servieren eine Stunde oder länger ruht, schmeckt er noch besser.

Blumenkohl, überbacken

Zutaten:

1 Blumenkohl
1 gehäufter Teelöffel Salz
200 g geriebener junger Gouda
Unter den geriebenen Käsesorten bevorzuge ich zum Überbacken den jungen Gouda, weil die anderen mit ihrem zu starken Eigengeschmack den Geschmack des Überbackenen zu sehr überlagern.

Zubereitung:

Das Grün vom Blumenkohl entfernen, die Röschen vom Strunk abschneiden, große Röschen halbieren. Die Röschen in einen Topf mit wenig Wasser und dem Salz bei kleiner Temperatur 5-10 Minuten kochen. Mit einem spitzen Messer in die Röschen stechen. Wenn das Messer weich in die Röschen geht, sind sie fertig. Gut aufpassen. Denn ganz schnell wird aus garen Röschen Matschepampe.

Das Wasser abgießen und den Blumenkohl in eine Auflaufform geben. Den Käse darüber streuen. 5 Minuten im vorgeheizten

Backofen bei 150 Grad backen. *Ich mag den überbackenen Käse am liebsten, wenn er goldgelb zerlaufen ist. Bevorzugt man eine knusprige Käsekruste, muss der überbackene Blumenkohl 10 Minuten bei 220 Grad in den Ofen.*

Blumenkohl

Zutaten:

1 Blumenkohl
1 Zwiebel
100g Butter
1 gehäufter Teelöffel Salz

Zubereitung:

Das Grün vom Blumenkohl entfernen, die Röschen vom Strunk abschneiden, große Röschen halbieren. Die Röschen in einen Topf mit wenig Wasser und dem Salz bei kleiner Temperatur 5-10 Minuten kochen. Mit einem spitzen Messer in die Röschen stechen. Wenn das Messer weich in die Röschen geht, sind sie fertig. Gut aufpassen. Denn ganz schnell wird aus garen Röschen Matschepampe.

Die Zwiebel schälen und zerkleinern, zusammen mit der Butter in einem Topf erhitzen. Wenn die Butter anfängt zu sprudeln, die Temperatur auf die kleinste Stufe stellen, sonst wird die Butter schnell schwarz. Blumenkohl und Butter getrennt servieren und die Butter erst auf dem Teller über den Blumenkohl geben.

Bratkartoffeln aus gekochten Kartoffeln

Zutaten:

800g festkochende Kartoffeln
5 Esslöffel Rapsöl
1 gestrichener Teelöffel Salz
2g edelsüß Paprika
2g Thymian

Zubereitung:

Die Kartoffeln schälen und in ca. 2 ccm große Stücke schneiden und in einen Topf mit Wasser, das die Kartoffeln bedeckt, 8 Minuten bei niedriger Temperatur kochen.

Das Öl in eine Pfanne geben und auf höchste Stufe erhitzen, die Kartoffeln darin ca. 20 Minuten goldgelb braten und immer wieder wenden. Zum Schluss die Gewürze dazu geben und noch einmal wenden.

Bratkartoffeln aus rohen Kartoffeln

Siebeck, der inzwischen verstorbene Kochpapst der ZEIT, antwortete auf die Frage, ob man Bratkartoffeln aus rohen oder gekochten Kartoffeln machen soll: „Nur aus Gekochten". Er irrt.

Zutaten:

800g festkochende Kartoffeln
5 Esslöffel Rapsöl

1 gestrichener Teelöffel Salz
2g edelsüß Paprika
2g Thymian

Zubereitung:

Die Kartoffeln schälen und mit dem Schnitzelwerk der Küchenmaschine in Scheiben schneiden. Die Metallscheibe mit einem Spalt von 4 mm verwenden. Das Öl und die Kartoffeln in eine große Pfanne geben und bei höchster Temperatur ca. 20 Minuten braten, oft wenden. Wenn zu viele Kartoffeln in der Pfanne oder die Pfanne zu klein ist, werden die Kartoffeln matschig; maximal drei Scheiben in der Pfanne übereinander. Zum Schluss die Gewürze dazu geben und noch zweimal wenden. Wenn man alles richtig gemacht hat, werden die Kartoffeln fast so knusprig wie Chips.

Bratwurst, frische, grobe

Zutaten:

350g frische Bratwurst

Zubereitung:

Einen Backofengrillrost mit Backpapier bedecken, darauf die Bratwürste legen. Den Grillrost ca. 10 cm unter dem Dach des Backofens mit dem Grill einschieben. *Sind die Würste näher am Grill, werden sie schwarz, bevor sie innen gar sind. Sind sie weiter weg, dauert es sehr lange, bis sie knusprig braun werden.* Den nicht vorgeheizten Backofen auf Grillen und 250 Grad stellen und die Würste ca. 15 Minuten grillen. *Zeiten können von Backofen zu Backofen variieren.* Nach ca. 10 Minuten wenden. Die Würste gut beobachten. Erst passiert gar nichts und dann werden sie sehr schnell knusprig braun und, wenn man nicht aufpasst, schwarz.

Brokkoli Auflauf

Zutaten:

1 kg Brokkoli
1 gehäufter Teelöffel Salz
1 Knoblauchzehe
200g geriebener Gouda
60g Butter

Zubereitung:

Die Strünke von den Brokkoliröschen abschneiden und große Röschen halbieren oder vierteln. Den Knoblauch schälen und pressen. Den Brokkoli ca. 6 Minuten bei geringer Temperatur kochen. Achtung! Mit einem spitzen Messer in den Brokkoli stechen, ob er schon weich ist. Kocht der Brokkoli zu lange, hat man ganz schnell Matschepampe. Das Wasser abschütten und den Brokkoli in eine Auflaufform geben. Dünne Butterscheiben auf den Brokkoli legen und den Käse darüber streuen. 5 Minuten im auf 150 Grad vorgeheizten Backofen backen.

Brokkoli mit rohem Schinken und Fussili

Zutaten:

1 kg Brokkoli

200g roher Schinken
200g Fussili
1 Zwiebel
1 Knoblauchzehe
4 Esslöffel Rapsöl
200g Schmand
1 Esslöffel Paniermehl

Zubereitung:

Die Strünke von den Brokkoliröschen abschneiden und große Röschen halbieren oder vierteln. Den Knoblauch schälen und pressen. Die Zwiebel schälen und zerkleinern. Den Schinken in ca. 1 cm² große Stücke schneiden.

Den Brokkoli ca. 6 Minuten bei geringer Temperatur kochen. Achtung! Mit einem spitzen Messer in den Brokkoli stechen, ob er schon weich ist. Kocht der Brokkoli zu lange, hat man ganz schnell Matschepampe. Das Wasser abschütten.

Gleichzeitig einen Topf mit 1,5 L Wasser, 1 Esslöffel Rapsöl und einem gehäuften Teelöffel Salz zum Kochen bringen. Die Nudeln hinzufügen und 11 Minuten bei kleiner Temperatur kochen. Die Nudeln in ein Sieb gießen und kurz mit kaltem Wasser abschrecken.

Den Parmesan mit einer groben Handreibe oder mit dem Schnitzelwerk der Küchenmaschine mit der Scheibe, die nicht durchgängig die kleinsten Löcher hat, reiben. Den Parmesan auf dem Teller über die Soße geben.

Wenn die Nudeln anfangen zu kochen, in einer großen Pfanne 3 Esslöffel auf höchster Stufe erhitzen und darin die Zwiebel und den Schinken braten, 2 Minuten später den Knoblauch hinzufügen. Wiederum 2 Minuten später den Brokkoli, die Nudeln und den Schmand dazu geben und alles verrühren.

Champignons mit Schweinefilet und Bandnudeln

Zutaten:

200g braune Champignons
400g weiße Champignons
400g Schweinefilet
180g Bandnudeln
1 Zwiebel
1 Knoblauchzehe
200g Schmand
1 Bund Petersilie
3 Esslöffel Rapsöl
1 Esslöffel Sonnenblumenöl
2 gehäufte Teelöffel Salz
Pfeffer, 14 mal die Pfeffermühle gedreht

Zubereitung:

Vom Schweinefilet die weiße Haut entfernen und es in ca. 2 ccm große Stücke schneiden.

Die Champignons putzen und je nach Größe vierteln oder halbieren. Zwiebel und Knoblauch schälen, die Zwiebel in kleine Stücke schneiden und den Knoblauch pressen. Von der Petersilie die Stängel entfernen und sie klein schneiden.

Die Nudeln 10 Minuten bei niedriger Temperatur kochen in zwei

Liter Wasser, einem gehäuften Teelöffel Salz und einem Schuss Sonnenblumenöl, in ein Sieb abgießen und kurz mit kaltem Wasser abschrecken.

In einer großen Pfanne das Schweinefilet im schon erhitzten Rapsöl braten, nach 2 Minuten die Zwiebel, nach weiteren 2 Minuten das Salz,die Pilze und den Knoblauch und nach weiteren 4 Minuten die Petersilie, den Pfeffer und den Schmand dazugeben. Alles gut durchrühren und in einer Schüssel servieren.

Chicoréesalat

Zutaten:

500g Chicorée
150g Cocktailtomaten
2 Eier
3 Esslöffel Rapsöl
½ Zitrone
Flüssiger Süßstoff
1 gestrichener Teelöffel Salz
Pfeffer 12 mal die Pfeffermühle gedreht

Zubereitung:

Die Eier 6 Minuten kochen, abschrecken, schälen, vierteln und klein schneiden. Das Strunkende von den Chicorées abschneiden und dieses Ende aushöhlen. Die Chicorées halbieren und klein schneiden. Die Cocktailtomaten halbieren. Die Zitrone pressen. Alles in eine Schüssel geben, gut durchrühren und die Menge des Süßstoffs abschmecken.

Chicorée überbacken

Zutaten:

1 kg Chicorée
6 Scheiben roher Schinken
200g geriebener Gouda
1 gestrichener Teelöffel Salz
Pfeffer 14 mal die Pfeffermühle gedreht
2 Esslöffel Rapsöl

Zubereitung:

Das Strunkende von den Chicorées abschneiden und dieses Ende aushöhlen. Die Chicorée mit dem Rapsöl bepinseln und dann mit Peffer und Salz würzen. 15 Minuten im Backofen bei 200 Grad backen. Danach den Schinken und den Käse über die Chicorées verteilen und nochmal 15 Minuten backen.

Coq au Vin

Zutaten:

3 - 4 Hähnchenschenkel
125g Basmatireis
3 Paprikaschoten
200g braune Champignons
1½ gehäufte Teelöffel Salz
1 gehäufter Teelöffel Gemüsebrühe
2g Rosmarin
2g edelsüß Paprika
2 Knoblauchzehen

3 Esslöffel Rapsöl
0,2 L trockener Weißwein
0,2 L Sahne

Zubereitung:

Die Rosmarinnadeln klein schneiden, den Knoblauch schälen und pressen.

Den Backofen auf 250 Grad vorheizen. Die Hähnchenschenkel mit der Rückseite nach oben in eine große Auflaufform legen. Diese Seite mit einem ergiebigen Salzstreuer salzen und mit dem edelsüß Paprika, der Hälfte des Rosmarins und einer Knoblauchzehe würzen. Die Hähnchenschenkel umdrehen und die Vorderseite mit einem Pinsel mit dem Öl bestreichen. Den Wein in die Auflaufform geben und das Ganze ca. 20 Minuten im Backofen backen, bis das Fleisch schön knusprig ist.

Gleichzeitig die Paprika waschen, den Strunk und innen das Weiße und die Kerne entfernen. Die Paprika in ca. 4 cm^2 Stücke schneiden, die Pilze putzen und je nach Größe vierteln oder halbieren.

Den Reis mit der doppelten Menge Wasser, einem gestrichenen Teelöffel Salz und der Gemüsebrühe 10 Minuten bei niedriger Temperatur kochen.

Die Auflaufform nach 20 Minuten aus dem Ofen nehmen, die Sahne, die Paprika und die Pilze so verteilen, dass die Schenkel weitgehend frei bleiben. Alles mit einem Salzstreuer salzen und die restlichen Gewürze darüber verteilen. Noch mal 20 Minuten im Ofen bei 180° backen.

Couscous mit Rindfleisch und Gemüse

Zutaten:

2 Rinderrouladen
1 Packung Suppengemüse mit Möhren, Sellerie und Lauch
1 Paprika
1 Zucchini
3 Tomaten
3 Zwiebeln
250g getrocknete Pflaumen
200g braune Pilze
1 Knoblauchzehe
6 Esslöffel Rapsöl
 gehäufte Teelöffel Salz
1 gehäufter Teelöffel Rinder- oder Gemüsebrühe
0,2 L Wasser
Pfeffer, die Pfeffermühle 14 mal gedreht
3g Kurkuma
1 Bund Koriander, muss frisch sein, getrockneter Koriander ist dagegen sehr blass im   Geschmack
120g Couscous von Müllers Mühle

Zubereitung:

Die Rinderrouladen mit einer Küchenrolle abtrocknen und in ca. 0,5 cm breite und 2 – 3 cm lange Streifen schneiden. In einem Schnellkochtopf 3 Esslöffel Raps erhitzen und das Fleisch darin anbraten. Die Zwiebeln und den Knoblauch schälen, die Zwiebeln in 4 mm breite Scheiben schneiden und den Knoblauch pressen. Nach zweimaligem Wenden des Fleisches die Zwiebeln und den Knoblauch dazu geben. Die Tomaten mit einem Mixer passieren und zusammen mit den Pflaumen, 1½ gehäuftem Teelöffel Salz, dem Pfeffer, der Brühe, dem Wasser und dem Kurkuma hinzufügen. Den Schnellkochtopf schließen, auf die höchste Stufe bringen und so 30 Minuten kochen.

Möhren und Sellerie schälen, die Möhren in 2 mm dicke Scheiben und die Sellerie in 2 ccm große Würfel schneiden. In einem Topf 9 Minuten bei geringer Temperatur kochen.

Die Paprika und die Zucchini waschen. Die „Deckel" der Paprika und im Innern das Weiße und die Kerne entfernen. Die Paprika in ca. 2 cm² Stücke, die Zucchini in 3 mm breite Scheiben schneiden. Die Pilze putzen und halbieren oder vierteln. Die Enden der Lauchstangen abschneiden, die Stangen halbieren und in ca. 3 cm lange Streifen schneiden. Dann waschen und in einem Sieb abtropfen lassen.

In einer Pfanne 3 Esslöffel Öl auf höchster Stufe erhitzen und die Paprika, die Zucchini und die Pilze ca. 5 Minuten darin anbraten. Dann den Lauch dazu geben und noch mal 4 Minuten braten.

Die Blätter von den Stielen des Korianders entfernen und klein schneiden.

150g Couscous zusammen mit 150 ml Wasser und einem gestrichenen Teelöffel Salz zum Kochen bringen, von der Herdplatte nehmen, 5 Minuten ziehen lassen und mit einer Gabel auflockern.

Den Schnellkochtopf unter fließendem kalten Wasser abkühlen, den Deckel öffnen, alle Zutaten außer dem Couscous dazu geben und gut durchrühren.

Dicke Bohnen

Zutaten:

Mindestens 2 kg dicke Bohnen! Ja soviel, frische dicke Bohnen haben sehr viel Abfall. Frisch dicke Bohnen bekommt man im Juni auf dem Bonner Markt.
1 Zwiebel
1 gehäufter Teelöffel Salz
Pfeffer, 14 mal die Pfeffermühle gedreht
60g Butter

Zubereitung:

Die dicken Bohnen aus den Schoten heraus pulen und mit dem Salz und dem Pfeffer in wenig Wasser bei geringer Temperatur ca. 10 Minuten kochen. Die Zwiebel schälen, klein schneiden und in einer kleinen Pfanne in der Butter goldgelb rösten. Das Wasser von den dicken Bohnen abschütten, die Zwiebel mit der Butter dazu geben und durchrühren.

Variante: Noch 100g durchwachsenen Speck braten und hinzufügen.

Fenchel mit gekochten Eiern und Kartoffeln in Senfsoße

Zutaten:

1 kg Fenchel
4 Kartoffeln
4 Eier
1 gehäufter Teelöffel Salz

Pfeffer 14 mal die Pfeffermühle gedreht
0,2 L Sahne
2 gehäufte Esslöffel mittelscharfer Senf

Zubereitung:

Die Kartoffeln schälen, in ca. 2 ccm große Stücke schneiden und in einem Schnellkochtopf mit Wasser bedecken. Die Stiele und den „Boden" vom Fenchel und abschneiden. Etwas von dem Grün des Fenchels aufheben und klein schneiden. Den Fenchel klein schneiden und auf die Kartoffeln legen, nur den Strunk in den Abfall. Salz und Pfeffer hinzufügen. Den Schnellkochtopf schließen, auf höchste Stufe bringen und nach 3 Minuten mit Wasser abschrecken. Bis auf einen kleinen Rest das Kochwasser abschütten.

Gleichzeitig die Eier 6 Minuten kochen, schälen und halbieren.

Wenn der Schnellkochtopf auf höchster Stufe ist, in einem kleinen Topf die Sahne und den Senf erhitzen und mit einem Schneebesen verrühren. Die Soße über den Fenchel geben und verrühren, dann das Grün darüber streuen und die Eier auf den Fenchel legen.

Fenchel, überbacken mit Cabanossi

Zutaten:

1 kg Fenchel
4 Kartoffeln
200g Cabanossi
1 gehäufter Teelöffel Salz
Pfeffer 14 mal die Pfeffermühle gedreht

2 Esslöffel Rapsöl
80g Parmesan

Zubereitung:

Die Kartoffeln schälen, in ca. 2 ccm große Stücke schneiden und in einen Schnellkochtopf geben, sodass die Kartoffeln mit Wasser bedeckt sind. Die Stiele und den „Boden" vom Fenchel abschneiden. Etwas von dem Grün des Fenchels aufheben und klein schneiden. Den Fenchel klein schneiden und auf die Kartoffeln legen, nur den Strunk in den Abfall. Salz und Pfeffer hinzufügen. Den Schnellkochtopf schließen, auf höchste Stufe bringen und nach 3 Minuten mit Wasser abschrecken. Bis auf einen kleinen Rest das Kochwasser abschütten.

Gleichzeitig die Cabanossi in ca. 3 mm dicke Scheiben schneiden und den Parmesan reiben. Den Backofen auf 220 Grad vorheizen.

Fenchel und Kartoffeln in einer Auflaufform verteilen, das Rapsöl hinzufügen, die Cabanossi darüberlegen und darüber den Parmesan. 8 Minuten im Backofen backen. Die Auflaufform aus dem Backofen holen und das Grün des Fenchels darüber streuen.

Fischfilet in Senf Dill Soße

Zutaten:

500g Fischfilet: Seelachs, Tilapia oder Kabeljau, tiefgefroren
1 gehäufter Teelöffel Salz
Pfeffer 12 mal die Pfeffermühle gedreht
2 gehäufte Esslöffel mittelscharfer Senf

0,2 L Sahne
1 Bund Dill
40g Butter

Zubereitung:

Das Fischfilet ca. 10 Stunden vor der Zubereitung auftauen und dann abtrocknen. Die feinen Blätter des Dills von den Stielen entfernen und klein schneiden. Die Butter in einer Pfanne auf höchster Stufe erhitzen, bis sie sprudelt, den Fisch dazu geben und salzen. Aufpassen, dass die Butter nicht schwarz wird und entsprechend die Hitze unter der Pfanne reduzieren. Ca. 6 Minuten braten.

Gleichzeitig Sahne, Pfeffer, und einen halben gestrichenen Teelöffel Salz und den Senf in einem Topf erhitzen und mit dem Schneebesen verrühren. Zum Schluss den Dill hinzufügen. Fisch und Soße getrennt servieren.

Fischfilet im Gemüsebett

Zutaten:

500g Fischfilet: Seelachs, Tilapia oder Kabeljau, tiefgefroren
110g Basmatireis
Meiner Meinung nach ist Basmatireis der beste hier erhältliche Reis.
1 Packung Suppengemüse bestehend aus Möhren, Sellerie und Lauch
1 Zucchini
1 Paprika
200g braune Champignons

3 Frühlingszwiebeln
Das Gemüse kann variieren.
1 Knoblauchzehe
0,2 L trockener Weißwein
0,1 L Sahne
50g Butter
Eineinhalb gehäufte Teelöffel Salz
Peffer 14 Umdrehungen mit der Peffermühle
1 gehäufter Teelöffel Gemüsebrühe

Zubereitung:

Das Fischfilet ca. 10 Stunden vor der Zubereitung auftauen und dann abtrocknen.

Zucchini und Paprika waschen. Möhren, Sellerie und Knoblauch schälen, alles klein schneiden. Den Lauch in ein Sieb geben und nach dem Schneiden waschen.

Möhren und Sellerie 9 Minuten in wenig Wasser bei kleiner Hitze kochen. Das Wasser abgießen.

Den Wein in eine große Auflaufform gießen, Die Fischfilets in den Wein legen. Paprika, Zucchini, Pilze, den Knoblauch und den Lauch darüber verteilen. 1 gehäuften Teelöffel Salz und den Pfeffer darüber geben. 20 Minuten im auf 200 Grad vorgeheizten Backofen backen. Dann die Sahne, die Butter, die Frühlingszwiebeln, die Möhren, die Sellerie und die Petersilie hinzufügen und nochmal 5 Minuten in den Backofen.

Gleichzeitig den Reis mit einem gestrichenen Teelöffel Salz und der Gemüsebrühe in der doppelten Menge Wasser 10 Minuten bei niedriger Temperatur kochen.

Frikadellen

Zutaten:

350g Rindergehacktes
3 Esslöffel Rapsöl
1 Ei
1 Knoblauchzehe
1 gestrichener Teelöffel Salz
Pfeffer 12 mal die Pfeffermühle gedreht
1g Estragon

Zubereitung:

Den Knoblauch schälen und pressen. Alle Zutaten außer dem Öl in die Rührschüssel der Küchenmaschine geben und mit dem Knethaken verrühren. Mit der Hand ca. 5 Frikadellen formen. Das Öl in einer Pfanne auf höchster Stufe erhitzen und die Frikadellen darin knusprig braten. Die Temperatur niedrig stellen, einen Deckel so auf die Pfanne legen, dass ein Spalt offen bleibt und insgesamt 12 Minuten braten. Vor dem Servieren die Frikadellen in der Pfanne umdrehen.

Gazpacho

Zutaten:

¾ Salatgurke
2 rote Paprika
1 gelbe Paprika
300 g Tomaten

2 Zwiebeln
1 Knoblauchzehe
4 g Edelsüßpaprika
3 g Oregano
1 gestrichener Teelöffel Salz
Pfeffer 14 mal die Pfeffermühle gedreht
2 Esslöffel Olivenöl
1 Teelöffel Honig
½ Zitrone
2 Frühlingszwiebeln

Zubereitung:

Gurke, Tomaten und Paprika waschen, Zwiebel und Knoblauch schälen. Dies alles außer der gelben Paprika und dem Knoblauch in ca. 4 (c)cm große Stücke schneiden und im Mixer zerkleinern. Den Knoblauch pressen. Nun alles außer der gelben Paprika und den Frühlingszwiebeln in eine Schüssel geben, mit einem Schneebesen verrühren, zudecken und am besten eine Nacht – zur Not nur eine Stunde - im Kühlschrank ziehen lassen.

Unmittelbar vor dem Servieren die gelbe Paprika und die Frühlingszwiebeln in Stücke kleiner als ein Cent schneiden und auf einer Untertasse servieren. Diese Stücke fügt man dann auf dem Teller der Suppe hinzu.

Griechischer Salat

Zutaten:

Halbe Salatgurke
250g Tomaten

1 Paprikaschote
Kleines Glas schwarze, kernlose Oliven
100g Schafskäse
1 Zwiebel
1 Knoblauchzehe
1 gestrichener Teelöffel Salz
Pfeffer, Pfeffermühle 14 mal gedreht
2g Oregano
1 Esslöffel Weinbrandessig
4 Esslöffel Olivenöl

Zubereitung:

Gurke, Tomaten und Paprika waschen, Zwiebel und Knoblauch schälen. Dies alles und den Schafskäse klein schneiden, den Knoblauch pressen, die Oliven abgießen. Alle Zutaten in eine Schüssel geben und gut durchrühren.

Grüne Bohnen

Zutaten

1kg grüne Bohnen
Es gibt lange flache und kurze runde grüne Bohnen. Die kurzen Runden schmecken noch besser, machen aber auch mehr Arbeit.
1 gehäufter Teelöffel Salz
Pfeffer 14 Umdrehungen mit der Pfeffermühle
1 Zehe Knoblauch
60g Butter

Zubereitung:

Die Bohnen waschen und die Enden abschneiden. In einem Topf den Boden mit Wasser bedecken. Die Bohnen, den Knoblauch, Salz und Pfeffer dazugeben, zum Kochen bringen und 20 – 25 Minuten bei niedriger Hitze kochen lassen. Dann das Wasser abschütten und die Butter in dünnen Scheiben dazugeben.

Grünkohl mit Cabanossi und Kassler

Zutaten:

800g Grünkohl. Die einzige mir bekannte zuverlässige Quelle von November bis Februar ist der Bonner Markt.
2 Cabanossi
2 Scheiben Kassler
50g Gänseschmalz
1 gehäufter Teelöffel Salz
Pfeffer, 14 mal die Pfeffermühle gedreht
1 Zwiebel

Zubereitung:

In den letzten Jahren bekommt man frischen Grünkohl in Plastik verschweißt zu 400g. Der Grünkohl ist bereits gezupft und geputzt. Man wäscht den Grünkohl, entfernt braune Stellen und vereinzelt Strünke.

Im Schnellkochtopf 0,2 L Wasser zum Kochen bringen und den Grünkohl nach und nach dazu geben. Wenn er kocht, fällt er zusammen und passt dann irgendwann tatsächlich in den Topf. Die Zwiebel schälen und zerkleinern, alle Zutaten hinzufügen, obenauf das Fleisch. Den Schnellkochtopf schließen und auf die höchste Stufe bringen. Dann den Herd ausschalten. Nach dem Öffnen des Topfes das Fleisch heraus nehmen und den Grünkohl durchrühren. Das Fleisch wieder auf den Grünkohl legen. Wenn man den Grünkohl einen Tag vorher macht, schmeckt er noch besser.

Dazu Salzkartoffeln.

Gulasch vom Rind

Zutaten:

400g Rindergulasch
1 Zwiebel
6 Nelken
Wenn man direkt auf eine Nelke beißt, schmeckt das gar nicht gut. Deshalb lege ich die Nelken in ein Teeei und dieses dann in die Soße.
2 Lorbeerblätter
2g Majoran
3g Edelsüßpaprika
0,25 L trockener Rotwein
1 Drittel Tube Tomatenmark
3 Esslöffel Rapsöl

Zubereitung:

Die Zwiebel schälen und klein schneiden. Das Gulasch abtrocknen. Das Rapsöl in einem Schnellkochtopf auf höchster Stufe erhitzen und das Gulasch darin anbraten. Nach dem zweiten Wenden die Zwiebel dazu geben. Mit dem Rotwein ablöschen und alles außer dem Tomatenmark dazu geben. Alles 30 Minuten auf höchster Stufe im Schnellkochtopf kochen – im normalem Topf 90 Minuten. Schnellkochtopf unter fließend kaltes Wasser stellen, bis sich der Deckel öffnen lässt. Das

Tomatenmark hinzufügen und den Gulasch erneut erhitzen und das Tomatenmark mit einem Schneebesen oder einer Gabel verrühren.

Gulasch vom Schwein

Zutaten:

400g Schweinegulasch
1 Zwiebel
1 gestrichener Teelöffel Salz
Pfeffer die Pfeffermühle 14 mal gedreht
6 Nelken
Wenn man direkt auf eine Nelke beißt, schmeckt das gar nicht gut. Deshalb lege ich die Nelken in ein Teeei und dieses dann in die Soße.
2 Lorbeerblätter
2g Majoran
0,2 L trockener Weißwein
0,2 L Sahne
3 Esslöffel Rapsöl

Die Zwiebel schälen und klein schneiden. Das Gulasch abtrocknen. Das Rapsöl in einem Schnellkochtopf auf höchster Stufe erhitzen und das Gulasch darin anbraten. Nach dem zweiten Wenden die Zwiebel dazu geben. Mit dem Weißwein ablöschen und alle Zutaten außer der Sahne dazu geben. Alles 30 Minuten auf höchster Stufe im Schnellkochtopf kochen – im normalem Topf 90 Minuten. Schnellkochtopf unter fließend kaltes Wasser stellen, bis sich der Deckel öffnen lässt. Die Sahne hinzufügen und den Gulasch erneut erhitzen.

Ist einem die Soße zu dünn, kann man sie mit einer

Mehlschwitze andicken. Das ist aber kalorienmäßig eine ziemliche Sauerei.

Hähnchen- oder Putenstücke, kurz gebraten

Zutaten:

400g Hähnchen- oder Putenmedallions oder -schnitzel
3 Esslöffel Rapsöl
1 ca. 15 cm langer Rosmarinstängel
14 Blätter Basilikum
1 Knoblauchzehe
1 gestrichener Teelöffel Salz

Zubereitung:

Die Geflügelteile in ca. 3 ccm große Stücke schneiden. Den Knoblauch schälen und pressen. Die Rosmarinnadeln vom Stängel entfernen und zusammen mit den Basilikumblättern klein schneiden.

Das Öl in einer großen Pfanne – zumindest müssen die Fleischteile nebeneinander liegen können – erhitzen und das Fleisch ca. 9 Minuten goldbraun braten. Den Knoblauch und das Salz nach dem zweiten Wenden dazu geben. Rosmarin und Basilikum zum Schluss, wenn das Fleisch schon goldbraun ist, hinzufügen.

Kalbskoteletts

Zutaten:

2 Kalbskoteletts
1 Knoblauchzehe
5 Salbeiblätter
2 Esslöffel Rapsöl
½ gestrichener Teelöffel Salz
Pfeffer 12 mal die Pfeffermühle gedreht

Zubereitung:
Die Kalbskoteletts mit Küchenpapier abtrocknen, mit einem Fleischklopfer oder einem Gummihammer platt klopfen und salzen. Den Knoblauch schälen und pressen. Den Salbei klein schneiden. Das Rapsöl in einer Pfanne auf höchster Stufe erhitzen und dann die Koteletts von beiden Seiten anbraten. Dann den Salbei, den Pfeffer und den Knoblauch dazu geben und 8 Minuten mit Deckel bedeckt garen.

Kartoffelbrei

Zutaten:

450g Kartoffeln, auch festkochende
1 gehäufter Teelöffel Salz
½ Bund Petersilie
0,1 L Sahne
0,1 L Kochwasser
1 Zwiebel
30g Butter

Zubereitung:

Die Kartoffeln schälen - große Kartoffeln halbieren - salzen und mit Wasser bedeckt 25 Minuten bei niedriger Temperatur kochen. Die Kartoffeln und alle Zutaten außer der Butter und der Zwiebel in die Rührschüssel geben und mit dem halb offenen Rührbesen verrühren.

Gleichzeitig die Zwiebel schälen, klein schneiden und mit der Butter in einer kleinen Pfanne goldgelb braten.

Kartoffelgratin

Zutaten:

800g Kartoffeln
200g Schmand
1 Esslöffel Rapsöl
1 gehäufter Teelöffel Salz
2g Rosmarin
1 Knoblauchzehe
200g geriebener junger Gouda

Zubereitung:

Den Knoblauch schälen und pressen. Die Kartoffeln schälen und mit dem Schnitzelwerk der Küchenmaschine in Scheiben schneiden. Die Metallscheibe mit einem Spalt von 4 mm verwenden. Alles außer dem Käse in eine Auflaufform geben und verrühren.
Bei 200 Grad 35 Minuten im Backofen backen. Dann den Käse darüber streuen und noch mal 5 Minuten in den Backofen.

Kesselskuchen

Zutaten:

800g Kartoffeln
Bei Reibe-, Kesselskuchen und Bratkartoffeln braucht man erheblich mehr Kartoffeln als bei Salzkartoffeln.
2 Zwiebeln
1 Knoblauchzehe
2 Esslöffel Rapsöl
1 gehäufte Teelöffel Salz
Pfeffer, 12 mal die Pfeffermühle gedreht
2g Majoran

Zubereitung:

Die Kartoffeln, Zwiebeln und Knoblauch schälen. Die Kartoffeln mit dem Schnitzelwerk der Küchenmaschine – Metallscheibe mit kleinen Löchern, aber nicht durchgängig – reiben. Die Zwiebeln klein schneiden und den Knoblauch pressen. Alle Zutaten zu den geriebenen Kartoffeln dazu geben und mit dem Knethaken der Küchenmaschine durchrühren. Alles in eine Auflaufform geben und bspw. mit einem Löffel glatt streichen.

Im Backofen bei 220 Grad 30 Minuten backen. Wird der Bräunungsgrad zu stark, auf 150 Grad runter schalten. Größere Mengen brauchen 45 – 60 Minuten.

Kohlrabi

Zutaten:

2 – 4 Kohlrabi, je nach Größe
1 gehäufter Teelöffel Salz
60g Butter

Zubereitung:

Die schmalen Enden der Kohlrabi abschneiden, den Rest mit einem scharfen Messer schälen. Die Kohlrabi schälen, halbieren und in Streifen von 3 - 4 cm Länge und ca. 1 cm Seitenbreite schneiden. Die Kohlrabi und das Salz in einen Topf mit wenig Wasser geben und ca. 15 Minuten bei niedriger Temperatur kochen. Mit einem spitzen Messer prüfen, ob die Kohlrabi weich sind. Das Wasser abschütten, die Butter dazu geben und verlaufen lassen.

Kohlroulade

Zutaten:

4 Kohlrouladen
1 gestrichener Teelöffel Salz
Pfeffer 14 mal die Pfeffermühle gedreht
6 Nelken
2 Lorbeerblätter
2g Majoran
1 gehäufter Teelöffel Gemüsebrühe
0,2 L trockener Weißwein
0,2 L Wasser
3 Esslöffel Rapsöl

Zubereitung:

Das ist nicht wirklich ein richtiges Rezept. Denn die Kohlrouladen kaufe ich fertig gefüllt und gerollt bei Edeka auf dem Lievelingsweg. Die sind gut und sparen viel Arbeit.

Das Rapsöl im Schnellkochtopf auf höchster Stufe erhitzen und die Kohlrouladen von zwei Seiten anbraten. Den Wein und danach alle anderen Zutaten dazu geben, den Schnellkochtopf schließen, auf die höchste Stufe bringen und dann die Herdplatte ausstellen. Warten, bis sich der Deckel öffnen lässt.

Dazu Salzkartoffeln.

Lachs mit Spinat und Bandnudeln

Zutaten:

350g Lachs, tiefgefroren
750g tiefgefrorenen Spinat oder 1 kg frischen
In der Regel bevorzuge ich frisches Gemüse, weil es intensiver schmeckt. Bei Spinat halte ich tiefgefrorenen auch für vertretbar.
180g Bandnudeln
1 Bund Dill
1 Zwiebel
1 Knoblauchzehe
2 gehäufte Teelöffel Salz
Pfeffer 14 Umdrehungen mit der Pfeffermühle
2 Esslöffel Rapsöl
1 Schuss Sonnenblumenöl
0,1 L Schlagsahne

1 gehäufter Teelöffel Gemüsebrühe

Zubereitung:

Die Nudeln 10 Minuten bei niedriger Temperatur kochen in zwei Liter Wasser, einem gehäuften Teelöffel Salz und einem Schuss Sonnenblumenöl, in ein Sieb abgießen und kurz mit kaltem Wasser abschrecken.

Den Lachs auftauen und in Stücke schneiden. Den tiefgefrorenen Spinat auftauen oder den frischen Spinat waschen, mit der Salatschleuder trocknen und klein schneiden. Die Zwiebel schälen und klein schneiden. Die Knoblauchzehe schälen. Den Dill von den Stielen entfernen und klein schneiden.

In einer Pfanne das Rapsöl erhitzen und den Lachs, die Zwiebel und den gepressten Knoblauch in der Pfanne 5 Minuten braten.

In einem Topf den aufgetauten Spinat erhitzen oder den frischen Spinat mit 0,1 L Wasser in einem großen Topf 8 Minuten kochen, alle anderen Zutaten dazugeben, kurz aufkochen und gut durchrühren.

Lammkoteletts

Zutaten:

8 Lammkoteletts
2 g Rosmarin
½ gestrichener Teelöffel Salz
Pfeffer 12 mal die Pfeffermühle gedreht
2g Rosmarin

1 Knoblauchzehe
3 Esslöffel Olivenöl

Zubereitung:

Den Knoblauch schälen und pressen. Die Nadeln des Rosmarins vom Stängel entfernen und klein schneiden. In einer großen Pfanne das Öl auf höchster Stufe erhitzen und die Koteletts darin knusprig braten. Dann die Temperatur niedrig stellen, den Knoblauch und das Salz hinzufügen, einen Deckel auf die Pfanne legen und die Koteletts garen. Kurz vor Ende der Garzeit Pfeffer und Rosmarin dazu geben. Brat- und Garzeit insgesamt 10 Minuten.

Lasagne mit Spinat und Lachs

Zutaten:

800g tiefgefrorenen oder 1 kg frischen Spinat – in der Regel schmeckt Tiefkühlgemüse   blasser als frisches. Bei Spinat sehe ich das nicht so. Deshalb verwende ich oft auch gefrorenen Spinat.
12 Lasagneplatten
200g Lachsaufschnitt
1 Knoblauchzehe
1 Zwiebel
1 Esslöffel Rapsöl
0,2 L Sahne
0,3 L Wasser
1 gehäufter Teelöffel Salz
1 gehäufter Teelöffel Gemüsebrühe
Pfeffer die Pfeffermühle 16 mal gedreht
1 Bund Dill

200g geriebener Gouda

Zubereitung:

Den frischen Spinat waschen und dunkle Stellen entfernen oder den tiefgefrorenen auftauen.
Zwiebel und Knoblauch schälen, die Zwiebel klein schneiden und den Knoblauch pressen. Die feinen Blätter von den großen Stielen des Dills entfernen und klein schneiden.

Die Zwiebel in dem Rapsöl bräunlich braten, kurz vor Schluss den Knoblauch hinzufügen.
Alle Zutaten außer dem Lachs, den Lasagneplatten und dem Käse in einen Topf geben, verrühren und zum Kochen bringen.

Eine rechteckige Auflaufform mit der Spinatsoße bedecken, dann 6 Lasagneplatten darüberlegen. Die wiederum mit der Soße bedecken und darauf die Lachsscheiben legen. Wiederum 6 Lasagneplatten verteilen und die restliche Soße darüber kippen. Die Lasagneplatten müssen mit der Soße bedeckt sein, sonst werden sie hart.

Im vorgeheizten Backofen bei 200 Grad 25 Minuten backen, dann den Käse über die Lasagne verteilen und noch mal 3 Minuten in den Backofen.

Lasagne mit Tomaten und Gehacktes

Zutaten:

12 Lasagneplatten
1kg Tomaten
350g Rindergehacktes

0,25 L trockener Rotwein
0,2 L Schlagsahne
1 Zwiebel
3 Esslöffel Rapsöl
1 große Knoblauchzehe
2g Thymian
1g Estragon
3g Paprika edelsüß
Eineinhalb gehäufte Teelöffel Salz
200g geriebener junge Gouda

Zubereitung:

Zwiebel und Knoblauch schälen, die Zwiebel zerkleinern und den Knoblauch pressen. In einem etwas größeren Topf das Rapsöl erhitzen und das Gehacktes darin braten. Das Gehacktes zerkleinern. Nach dem zweiten Wenden Zwiebel und Knoblauch dazu geben. Die Tomaten im Mixer zerkleinern. Mit dem Rotwein ablöschen und alle Zutaten außer den Platten und dem Käse in den Topf füllen und aufkochen.

Eine rechteckige Auflaufform mit der Soße bedecken, darauf sechs Platten verteilen. Diese wiederum mit Soße bedecken und die nächsten sechs Platten legen. Den Rest der Soße wiederum über die Platten gießen. Wichtig ist, dass die Platten mit Soße bedeckt sind. Damit die Platten nicht zu hoch stehen, das meiste Gehacktes über die letzte Plattenschicht legen.

Im Backofen bei 180 Grad Umluft 25 Minuten backen, dann mit dem Käse bestreuen und nochmal 5 Minuten in den Backofen.

Lauch Auflauf

Zutaten:

4 Stangen Lauch
3 Kartoffeln
350g Rindergehacktes
Pfeffer, 12 mal die Pfeffermühle gedreht
3 gestrichene Teelöffel Salz
0,1 L Sahne
3 Esslöffel Rapsöl
1 Zwiebel
1 Knoblauchzehe
200g geriebener Gouda

Zubereitung:

Die Enden der Lauchstangen abschneiden, die Lauchstangen halbieren, dann quer zur Stange in Stücke schneiden und waschen. Die Kartoffeln schälen und in ca. 1ccm große Stücke schneiden und in einem Topf mit Wasser bedecken. Die Zwiebel schälen und klein schneiden. Den Knoblauch schälen und pressen.

Lauch und Kartoffeln in separaten Töpfen ca. 9 Minuten bei niedriger Temperatur kochen. Das Rapsöl in einer Pfanne erhitzen, das Gehacktes darin braten und nach dem zweiten Wenden die Zwiebel und den Knoblauch dazu geben. Zu Lauch, Kartoffeln und Gehacktes je einen gestrichenen Teelöffel Salz geben, den Pfeffer an das Gehacktes. Das Wasser der Kartoffeln und des Lauchs abschütten, beim Lauch einen kleinen Rest Wasser lassen. In eine Auflaufform zuerst den Lauch mit dem Restwasser, dann die Kartoffeln und darüber das Gehacktes geben. Die Sahne hinzufügen. Alles mit dem

Käse bestreuen. 5 Minuten im auf 180 Grad vorgeheizten Backofen backen.

Lauch mit Rindergeschetzeltem in Currysauce

Zutaten:

4 Stangen Lauch
2 Rinderrouladen
1 Zwiebel
1 Knoblauchzehe
1 gehäufter Teelöffel Salz
5g Curry
1 gehäufter Teelöffel Rinderbrühe
150g Schmand
3 Esslöffel Rapsöl
0,25 L Wasser

Zubereitung:

Die Rinderrouladen abtrocknen und in ca. 1x3 cm lange Stücke schneiden. Zwiebel und Knoblauch schälen, die Zwiebel klein schneiden und den Knoblauch pressen. Im Schnellkochtopf das Rapsöl auf höchster Stufe erhitzen und das Fleisch darin anbraten. Nach zweimaligem Wenden Zwiebel und Knoblauch hinzufügen und noch drei Minuten braten. Dann das Wasser, die Rinderbrühe, das Salz und den Curry hinzufügen, den Schnellkochtopf schließen und auf höchster Stufe 25 Minuten kochen.

Die Enden der Lauchstangen abschneiden, die Lauchstangen halbieren, dann quer zur Stange in Stücke schneiden und waschen. Den Lauch in einem Topf ca. 9 Minuten bei niedriger

Temperatur kochen.

Den Schnellkochtopf öffnen, Lauch und Schmand hinzufügen und rühren.

Linsensuppe

Zutaten:

250g getrocknete braune Linsen
4 Kartoffeln
300g Cabanossi Würstchen
0,25 L trockenen Rotwein
1 L Wasser
0,2 L Sahne
6 Nelken
2 Lorbeerblätter
2g Majoran
1 Knoblauchzehe

Zubereitung:

Den Knoblauch schälen und pressen. Die Cabanossi halbieren und in kleine Stücke schneiden. Alle Zutaten außer den Kartoffeln und der Sahne in einen Schnellkochtopf geben und 30 Minuten auf höchster Stufe kochen.

Die Kartoffeln schälen und in ca. 1ccm große Stücke schneiden und in einem Topf mit Wasser bedecken, 9 Minuten bei niedriger Hitze kochen.

Den Schnellkochtopf unter fließend kaltes Wasser stellen, bis er sich öffnen lässt. Dann die Kartoffeln und die Sahne dazu geben und durchrühren.

In einen Teller Linsensuppe kann man einen Esslöffel Essig geben.

Mediterranes Gemüse aus dem Backofen

Zutaten:

1 Paprika
1 Aubergine
1 Zucchini
1 Knoblauchzehe
2g Oregano
1 gestrichener Teelöffel Salz
30g Parmesan
3 Esslöffel Olivenöl
Pfeffer 16 mal die Pfeffermühle gedreht
1 Blatt Backpapier

Zubereitung:

Auf ein Backblech ein Blatt Backpapier legen. Das Gemüse waschen. Die Enden von der Zucchini abschneiden und das Grüne von der Aubergine entfernen. Die „Deckel" der Paprika und im Innern das Weiße und die Kerne entfernen. Die Paprika in ca. 2,5 cm dicke Streifen, Zucchini und Aubergine in ca. 5 mm dicke Scheiben schneiden. Knoblauch schälen und pressen. Den Parmesan reiben. Das Gemüse nebeneinander auf dem Backpapier verteilen.

Das Öl in eine kleine Schale füllen und das Gemüse mit einem Pinsel mit dem Öl bestreichen. Kippt man das Öl direkt aus der

Flasche, wird es zu viel. Salz, Pfeffer, Oregano und den Knoblauch auf das Gemüse verteilen und 8 Minuten bei 200 Grad im vorgeheizten Backofen backen. Den Parmesan auf das Gemüse streuen und noch mal 4 Minuten in den Backofen.

Man kann das Ganze auch kalt als Vorspeise essen.

Merguez

Zutaten:

350g Merguez
1 Esslöffel Rapsöl

Zubereitung:

Das Öl in einer Pfanne auf höchster Stufe erhitzen. Die Merguez ca. 7 Minuten darin braten, dabei mehrmals wenden. Achtung! Merguez nicht grillen, da werden sie trocken.

Möhrengemüse

Zutaten:

1 kg Möhren
60g Butter
1 gehäufter Teelöffel Salz

Zubereitung:

Die Enden der Möhren abschneiden, die Möhren mit einem Sparschäler schälen und in ca. 4 mm dicke Scheiben schneiden.

Die Möhren mit wenig Wasser bei geringer Temperatur ca. 15 Minuten kochen, dann das Wasser abschütten. Die Butter in drei Scheiben zu den Möhren geben, die Butter zerlaufen lassen und die Möhren durchrühren.

Muscheln, Miesmuscheln

Zutaten:

2 kg Miesmuscheln, ja so viel. Denn bei Muscheln gibt es mehr Abfall als Essbares. Frische Muscheln gibt es in den Monaten, die mit „r" enden, also von September bis Februar.
2 Pakete Suppengemüse á 500g bestehend aus Möhren, Sellerie, Lauch und Petersilie
0,2 L trockenen Weißwein
0,1 L Wasser
1 gehäufter Teelöffel Gemüsebrühe
Pfeffer, 14 Umdrehungen mir der Peffermühle
80g Butter
kein Salz, die aus dem Meer stammenden Muscheln haben genug Eigensalz.
2 Zwiebeln
1 Knoblauchzehe

Zubereitung:

Lauch klein schneiden und waschen. Möhren, Sellerie, Zwiebeln und Knoblauch schälen, Möhren und Sellerie klein und die Zwiebeln in Scheiben schneiden, den Knoblauch pressen.

Die Muscheln waschen.

Alle Zutaten in einen großen Topf geben, Möhren und Sellerie zuerst, und ca. 10 Minuten kochen. Die Muscheln sind gar, wenn sie sich geöffnet haben. Zum Servieren alles in eine große Schüssel füllen, sonst kommt man an die Sellerie und Möhren unten im Topf nicht dran. Dazu Baguette.

Nudelsalat

Zutaten:

150g Nudeln, Farfalle oder Penne
1 Paprikaschote
1 Viertel Salatgurke
1 Zucchini
125g Tomaten
200g braune Champignons
1 Zwiebel
1 Knoblauchzehe
100g roher Schinken
1 Schuss Sonnenblumenöl
3 Esslöffel Rapsöl
1 Esslöffel Branntweinessig
1 gestrichener Teelöffel Zucker
2 gehäufte Teelöffel Salz
Pfeffer, mit der Pfeffermühle 14 Umdrehungen
2g Thymian

Zubereitung:

Die Nudeln 10 Minuten bei niedriger Temperatur kochen in zwei Liter Wasser, einem gehäuften Teelöffel Salz und einem Schuss Sonnenblumenöl, in ein Sieb abgießen und kurz mit kaltem Wasser abschrecken.

Paprika, Gurke, Tomaten und Zucchini waschen, Zwiebel schälen. Dies alles, die Pilze und den Schinken klein schneiden.

In eine Pfanne eineinhalb Esslöffel Rapsöl geben, erhitzen und darin die Hälfte der Paprika, der Zwiebel und der Pilze, die ganze Zucchini und den Schinken 8 Minuten braten. Die Knoblauchzehe schälen und pressen und dazu geben. Die Hälfte der Tomaten nach 5 Minuten hinzufügen.

Alles, Rohes und Gebratenes, die Nudeln und die Gewürze in eine Schüssel füllen und verrühren. Der besondere Geschmack ergibt sich aus der Mischung von Rohem und Gebratenem.

Paprika, gefüllte

Zutaten:

4 rote Paprikaschoten
350g Rindergehacktes
4 Tomaten
200g braune Pilze
Klassischer Weise findet man in gefüllten Paprika keine Champignons. Ich finde aber die Füllung nur aus Gehacktem und Reis bestehend ein wenig langweilig und zu Kohlehydrat lastig, die Champignons aber sind ein Bereicherung.
120g Basmatireis
1 Zwiebel
1 Knoblauchzehe
Ein Fünftel Tube Tomatenmark
0,2 L trockener Rotwein
3 Esslöffel Rapsöl
1 gehäufter Teelöffel Gemüsebrühe
Eineinhalb gehäufte Teelöffel Salz

Pfeffer, 14 mal die Pfeffermühle gedreht
2g Paprika edelsüß
2g Thymian
60g frisch geriebener Parmesan

Zubereitung:

Die Paprika waschen, die „Deckel" der Paprika und im Innern das Weiße und die Kerne entfernen. Zwiebel und Knoblauch schälen, Knoblauch pressen, Zwiebel und Champignons klein schneiden. Die Tomaten im Mixer passieren.

Den Reis mit einem gestrichenen Teelöffel Salz und der Gemüsebrühe bei niedriger Temperatur 10 Minuten kochen.

Das Rapsöl erhitzen und darin das Gehacktes braten, nach dem ersten Wenden Zwiebel und Knoblauch dazu geben. Dann mit dem Rotwein und 0.2 L Wasser ablöschen, alles außer dem Reis und dem Parmesan dazu geben und aufkochen. Dann den Reis hinzufügen und durchrühren.

Die Paprika in eine Auflaufform stellen und mit der Soße füllen. Reste der Soße in die Auflaufform geben. 25 Minuten bei 180 Grad im Backofen backen, dann den Parmesan auf den Paprikaschoten verstreuen und noch mal 5 Minuten in den Backofen.

Paprika mit Chorizo und Eiern

Zutaten:

500g Paprika
200g Chorizo
2 Eier
1 gestrichener Teelöffel Salz
Pfeffer 12 mal die Pfeffermühle gedreht
2g Oregano
1 Knoblauchzehe
1 Zwiebel
2 Esslöffel Rapsöl

Zubereitung:

Die Paprika waschen, die „Deckel" der Paprika und im Innern das Weiße und die Kerne entfernen. Die Paprika in ca. 2 cm^2 Stücke schneiden. Den Knoblauch schälen und pressen, die Zwiebel schälen und zerkleinern. Die Chorizo in ca. 2 mm dicke Scheiben schneiden.

Das Öl in einer Pfanne auf der höchsten Stufe erhitzen und die Paprika und die Chorizo darin ca. 8 Minuten braten. Nach 3 Minuten die Zwiebel dazu geben und nach weiteren 2 Minuten den Knoblauch. Zum Schluss Oregano, Salz und die Eier hinzufügen und verrühren, bis die Eier eine feste Masse sind.

Paprika mit Krabben und Bandnudeln

Zutaten:

4 Paprikaschoten
400g Krabben, tiefgefroren
200g Bandnudeln
3 Esslöffel Rapsöl
50g Butter
2 Knoblauchzehen
2 gehäufte Teelöffel Salz
3g Paprikagewürz edelsüß

Zubereitung:

Die Krabben auftauen.

Einen Topf mit 1,5 L Wasser, 1 Esslöffel Rapsöl und einem gehäuften Teelöffel Salz zum Kochen bringen. Die Nudeln hinzufügen und 9 Minuten bei kleiner Temperatur kochen. Die Nudeln in ein Sieb gießen und kurz mit kaltem Wasser abschrecken.

Gleichzeitig die Paprika waschen, die „Deckel" der Paprika und im Innern das Weiße und die Kerne entfernen. Die Paprika in ca. 2 cm² Stücke schneiden. Den Knoblauch schälen und pressen.

Das Rapsöl in einer großen Pfanne auf höchster Stufe erhitzen und die Paprika darin 7 Minuten braten. Dann die restlichen Zutaten hinzufügen und noch 3 Minuten braten. Wenn die Krabben eine rötliche Farbe bekommen, sind sie gar.

Pfifferlinge

Zutaten:

800g Pfifferlinge
220g Bandnudeln
1 Zwiebel
2 Esslöffel Rapsöl
1½ gehäufte Teelöffel Salz
Pfeffer 14 mal die Pfeffermühle gedreht
200g Schmand
1 Bund Petersilie
100g roher Schinken

Zubereitung:

Die Pfifferlinge nur kurz waschen – sonst saugen sie sich mit Wasser voll – mit einem Küchentuch abtrocknen und dann putzen.

Einen Topf mit 1,5 L Wasser, 1 Esslöffel Rapsöl und einem gehäuften Teelöffel Salz zum Kochen bringen. Die Nudeln hinzufügen und 9 Minuten bei kleiner Temperatur kochen. Die Nudeln in ein Sieb gießen und kurz mit kaltem Wasser abschrecken.

Gleichzeitig die Zwiebel schälen und die Blätter der Petersilie von den Stielen entfernen.   Zwiebel, Petersilie und den Schinken klein schneiden.

In einer großen Pfanne das Öl erhitzen und die Zwiebel und den Schinken anbraten. Die Pfifferlinge dazu geben und ca.5 Minuten braten. Dann alle übrigen Zutaten dazu geben, kurz aufkochen und gut durchrühren.

Reibekuchen

Zutaten:

8 Kartoffeln
1 Ei
1 gehäufter Teelöffel Salz
Pfeffer 12 mal die Pfeffermühle gedreht
6 Esslöffel Rapsöl

Zubereitung:

Die Kartoffeln schälen und mit dem Schnitzelwerk der Küchenmaschine reiben. Ich nehme dafür die Metallscheibe mit den kleinsten Löchern, die aber nicht durchgängig diese Löcher hat. Alle Zutaten außer dem Rapsöl dazu geben und durchrühren.

In zwei Pfannen je 3 Esslöffel Öl erhitzen und den Teig im heißen Fett bei mehrmaligem Wenden knusprig braun braten. Wenn nicht alle Reibekuchen gleichzeitig fertig sind, die fertigen im Backofen bei 100 Grad warm halten.

Reis

Zutaten:

120g Basmatireis
1 gestrichener Teelöffel Salz
1 gestrichener Reelöffel Gemüsebrühe

Zubereitung:

Alle Zutaten in einem Topf 10 Minuten bei geringer Temperatur kochen.

Reis, rot, inspiriert von Djuvecreis

Zutaten:

120g Basmatireis
1 Zwiebel
2 Esslöffel Olivenöl
1 Drittel Tube Tomatenmark
1 gestrichener Teelöffel Salz
1 gehäufterTeelöffel Gemüsebrühe

Zubereitung:

Zwiebel schälen, in kleine Stücke schneiden und zusammen mit dem Reis im Olivenöl anbraten. Mit 240 ml Wasser abschrecken und alle Zuaten hinzufügen. Das Tomatenmark noch vor dem Kochen am besten mit einem Schneebesen oder einer Gabel im Wasser verrühren. 10 Minuten bei geringer Temperatur kochen.

Reispfanne mit Gemüse, asiatisch

Zutaten:

wie bei Reispfanne deutsch, nur Petersilie weglassen und

50 g Ingwer
2 gehäufte Teelöffel rote Currypaste

hinzufügen

Zubereitung:

wie bei Reispfanne deutsch, nur:

Bei der Currypaste hatte ich anfangs Schwierigkeiten, sie gut in das Gemüse einzurühren. Sie klumpte. Jetzt gebe ich die Currypaste vor dem Kochen zum Reis und verrühre ihn mit dem Schneebesen.

Den Ingwer mit dem Sparschäler schälen und in kleine Stücke schneiden und zeitgleich mit dem Knoblauch in die Pfanne geben.

Reispfanne mit Gemüse, deutsch

Zutaten:

110g Basmatireis
Meiner Meinung nach ist Basmatireis der beste hier erhältliche Reis.
1 Packung Suppengemüse bestehend aus Möhren, Sellerie, Lauch und Petersilie
1 Zucchini
1 Paprika
200g braune Champignons
200g Zuckerschoten
3 Frühlingszwiebeln
1 Knoblauchzehe
400g Hähnchen- oder Putenmedallions
Rapsöl
50g Butter

Eineinhalb gehäufte Teelöffel Salz
Peffer 14 Umdrehungen mit der Peffermühle
1 gehäufter Teelöffel Gemüsebrühe

Zubereitung

Den Reis mit einem gestrichenen Teelöffel Salz und der Gemüsebrühe in der doppelten Menge Wasser 10 Minuten bei niedriger Temperatur kochen.

Zucchini und Paprika waschen. Möhren, Sellerie und Knoblauch schälen, alles klein schneiden. Den Lauch in ein Sieb geben und nach dem Schneiden waschen.

Möhren und Sellerie 9 Minuten in wenig Wasser bei kleiner Hitze kochen. Das Wasser abgießen.

Das Rapsöl in einer großen Pfanne stark erhitzen, darin das Fleisch anbraten, bis es schön braun ist. Paprika, Zucchini und Pilze dazu geben und auch bei großer Hitze braten. 5 Minuten später den Lauch und den gepressten Knoblauch dazu geben. Wiederum 2 Minuten später die Frühlingszwiebeln, die Petersilie und die Butter dazu, Hitze ausstellen, Reis, Möhren und Sellerie hinzufügen und alles gut durchrühren.

Auch diesem Gericht schadet es nicht, wenn es 2 Stunden vor dem Servieren fertig ist und zieht.

Rinderfilet eingelegt

Zutaten:

400g Rinderfilet
1 Zwiebel
1 Knoblauchzehe
1 Stengel Rosmarin
6 Nelken
2 Lorbeerblätter
1 gestrichener Teelöffel Salz
Pfeffer 14 mal die Pfeffermühle gedreht
2 Esslöffel Rapsöl
0,2 L trockener Rotwein
¼ Tube Tomatenmark

Zubereitung:

Mindestens einen Tag, besser drei Tage vor dem Verzehr Zwiebel und Knoblauch schälen, die Zwiebel klein schneiden und den Knoblauch pressen. Die Rosmarinnadeln vom Stengel enfernen und klein schneiden.

Das Rinderfilet abtrocknen und in ca. 2,5 cm dicke Scheiben schneiden. Es so in eine Auflaufform legen, als ob es noch ein Stück wäre. Die Auflaufform sollte so klein sein, dass das Rinderfilet gerade hinein passt. Sonst braucht man zu viel Flüssigkeit, um das Rinderfilet damit zu bedecken.

Alle übrigen Zutaten in eine Schüssel geben und mit dem Knethaken der Küchenmaschine oder dem Schneebesen verrühren. Die Flüssigkeit über das Rinderfilet schütten, sodass es bedeckt ist, bspw. mit Klarsichtfolie abdecken und in den Kühlschrank stellen.

Am Tag des Verzehrs die Flüssigkeit in eine separate Schüssel geben und das Rinderfilet im Backofen ca. 10 cm unter dem auf 250 Grad vorgeheizten Grill ca. 6 Minuten grillen, damit das Fleisch schön knusprig wird. Dann den Backofen auf 180 Grad Umluft stellen, die Flüssigkeit wieder dazu geben, dass aber oben die Kruste frei bleibt. Auf der mittleren Schiene noch ca. 20 Minuten backen.

Rinderfilet kurz gebraten

Zutaten:

350g Rinderfilet, gibt es bei dem Türken Eray auf der Kölnstr. neben Lidl für 15 € pro Kilo, sonst kostet es meist 34 € pro Kilo.
Gestrichener Teelöffel Salz
Pfeffer, 14 mal die Pfeffermühle gedreht
2g Paprika edelsüß
2g Rosmarin
1 Knoblauchzehe
0,2 L trockener Rotwein
¼ Tube Tomatenmark
2 Esslöffel Rapsöl

Zubereitung:

Ggfs. Fett und Sehnen vom Rinderfilet entfernen. Das Rinderfilet in ca. 2,5 cm dicke Scheiben schneiden. Den Knoblauch schälen und pressen.

Das Öl in einer großen Pfanne auf höchster Stufe erhitzen und die Filetscheiben von beiden Seiten anbraten, bis sie eine schöne Kruste haben, den Knoblauch dazu geben. Mit dem

Rotwein ablöschen, alle anderen Zutaten hinzufügen und das Tomatenmark im Rotwein verrühren. Mag man es Medium, ist man fertig, sonst noch 4 Minuten köcheln lassen.

Rinderroulade

Zutaten:

2 Rinderrouladen
1 kleine Zwiebel
3 Scheiben roher Schinken
Oft findet man in Rezepten geräucherten durchwachsenen Speck, den man schon gewürfelt kaufen kann. Ich bevorzuge wg des Geschmacks rohen Schinken.
4 kleine Cornichongürkchen
1 gestrichener Teelöffel Salz
Pfeffer 12 Umdrehungen mit der Pfeffermühle
2g Majoran
6 Gewürznelken
2 Lorbeerblätter
0,25 L Rotwein
¼ Tube Tomatenmark
3 Esslöffel Rapsöl
vier Zahnstocher

Zubereitung:

Die Zwiebel, den Schinken und die Gürkchen in klein Stücke schneiden. Die Rinderrouladen abtrocknen, da es sonst beim Anbraten besonders heftig spritzt und sie dann ausrollen. *Ich nehme dafür Küchenrolle aus Papier. Man könnte auch Küchentücher aus Stoff verwenden, aber ich bezweifle, dass die Ökobilanz dann besser ist, wenn man die Küchentücher bereits nach einmaliger*

Verwendung waschen muss. An der breitesten Stelle auf der Roulade Zwiebel, Schinken und Gürkchen verteilen. Die Roulade zusammenrollen und an beiden Enden mit den Zahnstochern durchbohren zwecks Fixierung.

Rapsöl im Schnellkochtopf erhitzen, die Rouladen im heißen Fett von zwei Seiten anbraten. Dann mit Rotwein ablöschen und alle Gewürze mit Ausnahme des Tomatenmarks hinzufügen. Den Schnellkochtopf schließen auf höchste Stufe bringen und 35 Minuten kochen lassen. *Man findet auch kürzere Garzeiten. Will man aber sicher sein, dass die Rouladen zart sind, sollte man die 35 Minuten einhalten.*

Den Schnellkochtopf mit kaltem Wasser abschrecken, bis er sich öffnen lässt. Die Rouladen auf einen Teller legen, das Tomatenmark zur Soße hinzufügen, die Soße erhitzen und das Tomatenmark am besten mit einem Schneebesen, sonst auch Gabel, verrühren. Die Rouladen wieder in die Soße legen.

Rosenkohl

Zutaten:

1 kg Rosenkohl
1 gehäufter Teelöffel Salz
60g Butter

Zubereitung:

Den Strunk der Röschen und dunkel gewordene Blätter entfernen. Dabei den Strunk nicht zu knapp abschneiden. Dann fallen die dunkel gewordenen Blätter fast von alleine ab. Den Rosenkohl in einem Topf salzen und in wenig Wasser 25 Minuten bei geringer Temperatur kochen. Das Wasser abschütten und die Butter in drei schmalen Streifen über den Rosenkohl geben. Wenn die Butter zerlaufen ist, den Rosenkohl noch einmal wenden.

Bocuse liebt das Gemüse halb gar, aber Rosenkohl entwickelt seinen köstlichen spezifischen Geschmack erst, wenn er gut durch gegart ist – deshalb die vergleichsweise lange Garzeit.

Selbstverständlich kann man dem Rosenkohl auch Speck und Zwiebel zufügen, ich aber finde, dass sich der Geschmack des Rosenkohls in der Schlichtheit dieses Rezeptes am besten entfaltet.

Rote Beete Gemüse

Zutaten:

1 kg rote Beete
1 Zwiebel
1 Knoblauchzehe
1 gehäufter Teelöffel Salz
Pfeffer 14 mal die Pfeffermühle gedreht
1 Lorbeerblatt
1 gestrichener Teelöffel gemahlener Koriander
1 gestrichener Teelöffel Zucker
0,25 L Rotwein
1 Esslöffel Essig
1 viertel Tube Sahnemeerrettich
100g Schmand

Zubereitung:

Die Unterseite der roten Beete abschneiden und die rote Beete mit einem Sparschäler schälen. Man findet manchmal den Hinweis, dass man bei der Verarbeitung der roten Beete wg der roten Farbe mit Handschuhen arbeiten soll. Das ist Quatsch. Man kann einfach nach Beendigung des Arbeitsvorgangs die Hände mit Seife waschen und die rote Farbe ist weg.

Mit dem Schnitzelwerk der Küchenmaschine mit der Scheibe mit den größten Löchern die rote Beete raspeln.

Zwiebel und Knoblauch schälen, Zwiebel klein schneiden und den Knoblauch pressen. Alle Zutaten außer dem Meerrettich und dem Schmand in einen Topf geben und 45 Minuten – ja so lange – bei niedriger Temperatur kochen. Zum Schluss das Ganze mit dem Meerrettich und dem Schmand verrühren.

Salzkartoffeln

Eignen sich als Beilage zu fast allen Soßengerichten.

Zutaten:

5 mittelgroße festkochende Kartoffeln
gehäufter Teelöffel Salz

Zubereitung:

Die Kartoffeln mit Sparschäler schälen und halbieren und in einen Topf mit Wasser geben, Salz hinzufügen. *Wirklich frühe Frühkartoffeln muss man nicht schälen.Wirklich frühe Frühkartoffeln muss man nicht schälen.* Die Kartoffeln müssen fast vollständig mit Wasser bedeckt sein, zum Kochen bringen und bei kleiner Hitze 20 – 25 Minuten kochen lassen. Dann das

Wasser abschütten. Die Kartoffeln sind gar, wenn man mit einem spitzen Messer in eine Kartoffel sticht und das Messer leicht durch die Kartoffel geht.

Sauerkraut mit Kassler Gulasch und Spätzle, inspiriert von Szegediner Gulasch

Zutaten:

500g Sauerkraut
350g Kassler vom Rücken
200g Spätzle; Spätzle sind nicht so ergiebig wie andere Nudeln.
1 Knoblauchzehe
0,2 L trockener Weißwein
3g Edelsüßpaprika
2 Lorbeerblätter
6 Nelken
0,2 L Sahne
1 Drittel Tube Tomatenmark
1 gehäufter Teelöffel Salz
4 Esslöffel Rapsöl
60g Parmesan am Stück

Zubereitung:

Die Spätzle ca. 15 Minuten mit dem Salz und einem Esslöffel Öl bei niedriger Temperatur kochen, in ein Sieb gießen und kurz abschrecken.

Das Kassler in ca. 2 ccm große Stücke schneiden. 3 Esslöffel Rapsöl im Schnellkochtopf erhitzen und das Kassler darin ca. 5 Minuten anbraten. Den Knoblauch schälen und pressen und nach dem zweiten Wenden zu dem Kassler dazu geben. Die restlichen Zutaten außer der Sahne und dem Tomatenmark hinzufügen, durchrühren, den Schnellkochtopf schließen und auf die höchste Stufe bringen. Dann die Kochplatte ausstellen.

Nach ca. 10 Minuten den Schnellkochtopf öffnen, Sahne und Tomatenmark dazu geben, aufkochen und mit einer Gabel gründlich verrühren.

Den Parmesan mit einer groben Handreibe oder mit dem Schnitzelwerk der Küchenmaschine mit der Scheibe, die die kleinsten Löcher, aber nicht durchgängig hat, reiben. Den Parmesan auf dem Teller über die Soße geben.

Schopskasalat

Zutaten:

Halbe Salatgurke
250g Tomaten
1 Paprikaschote
100g Schafskäse
1 Zwiebel
1 Knoblauchzehe
1 gestrichener Teelöffel Salz
Pfeffer, Pfeffermühle 14 mal gedreht
2g Oregano
1 Esslöffel Weinbrandessig
4 Esslöffel Olivenöl

Zubereitung:

Gurke, Tomaten und Paprika waschen, Zwiebel und Knoblauch

schälen. Dies alles klein schneiden, den Knoblauch pressen. Den Schafskäse mit der Handreibe mit den kleinen Löchern oder mit dem Schnitzelwerk der Küchenmaschine mit der Scheibe mit den kleinen nicht durchgängig vorhandenen Löchern reiben. Alle Zutaten in eine Schüssel geben und gut durchrühren.

Schwarzwurzeln

Vom Geschmack her ist es völlig unverständlich, dass die Schwarzwurzel in der deutschen Küche im Vergleich zum Spargel eine so geringe Rolle spielt. Es liegt wahrscheinlich daran, dass die Verarbeitung eine ziemlich klebrige Angelegenheit ist. Beim Schälen sondert die Schwarzwurzel eine harzähnliche Flüssigkeit ab, sodass man klebrige Hände bekommt. Mit Seife und einer Nagelbürste lassen sich aber die Hände nach getaner Arbeit problemlos reinigen. Schwarzwurzeln bekommt man von November bis Januar manchmal beim Vollsortimenter. Eine sichere Quelle aber ist der Bonner Markt.

Zutaten:

1 kg Schwarzwurzeln
1 gehäufter Teelöffel Salz
50g Butter

Zubereitung:

Die Spitzen der Schwarzwurzeln abschneiden, mit einem Sparschäler schälen und in einen Topf geben, sodass die Schwarzwurzeln mit Wasser bedeckt sind. Hat man alle

Schwarzwurzeln bearbeitet, das Wasser abschütten, wenig neues Wasser und das Salz hinzufügen. Die Schwarzwurzeln bei geringer Temperatur ca. 15 Minuten kochen, das Wasser abschütten, die Butter in dünnen Scheiben über die Schwarzwurzeln legen und zerlaufen lassen.

Selleriegemüse

Zutaten:

1 Knolle Sellerie, ca. 1kg
2 Esslöffel Rapsöl
1 gehäufter Teelöffel Salz
40g Butter

Zubereitung:

Die Sellerieknolle schälen, halbieren und in ca. 3 – 4 cm lange Streifen, Seitenlänge ca. 1 cm, schneiden. Das Öl in einer großen Pfanne auf höchster Stufe erhitzen und die Sellerie darin braten. Wenn die Selleriestreifen eine schöne Kruste haben, noch ca. 10 Minuten bei kleiner Hitze und mit einem Deckel bedeckt garen. Mit einem spitzen Messer prüfen, ob die Sellerie weich sind. Die Butter darüber geben und zerlaufen lassen.

Selleriesalat

Zutaten:

1 Knolle Sellerie
3 Äpfel
1 Zwiebel
4 Esslöffel Rapsöl
½ Zitrone
Es muss Zitrone sein. Verwendet man Essig wird die Sellerie ziemlich schnell braun.
Flüssiger Süßstoff, nicht zu knapp, muss man abschmecken.
Ökos würden wohl eher Honig zum Süßen nehmen.
1 gestrichener Teelöffel Salz

Zubereitung:

Die Sellerie, die Äpfel und die Zwiebel schälen. Die Sellerie halbieren und dann jede Hälfte dritteln. Die Äpfel halbieren und die Kerne und das Gehäuse entfernen. Die Zwiebel in kleine Stücke schneiden. Sellerie und Äpfel mit dem Schnitzelwerk der Küchenmaschine fein reiben. Alle Zutaten in eine Schüssel geben und gut durchrühren.

Spaghetti Bolognese

Zutaten:

1 kg Tomaten
350g Gehacktes
200g Spaghetti
3 Esslöffel Rapsöl
1 Knoblauchzehe

1½ gehäufte Teelöffel Salz
2g edelsüß Paprika
2g Thymian
0,2 L trockenen Rotwein
½ Tube Tomatenmark
1 Esslöffel Sonnenblumenöl
60g Parmesan am Stück

Zubereitung:

In einem Topf das Rapsöl auf höchster Stufe erhitzen und das Gehacktes darin anbraten. Den Knoblauch schälen, pressen und dem Gehacktes hinzufügen. Die Tomaten mit einem Mixer zerkleinern. Alle Zutaten außer dem Tomatenmark in den Topf geben und alles aufkochen. Danach das Tomatenmark in der Soße mit einer Gabel verrühren.

Gleichzeitig 2 Liter Wasser, einen gehäuften Teelöffel Salz und einen Esslöffel Rapsöl in einen Topf geben und zum Kochen bringen. Die Spaghetti hinzufügen und bei niedriger Hitze 10 Minuten kochen. Die Spaghetti während dieser Zeit mindestens zweimal aufrühren, um zu verhindern, dass sie am Ende aneinander pappen. Nach zehn Minuten die Spaghetti in ein Sieb abschütten und kurz mit kaltem Wasser abschrecken.

Den Parmesan mit einer groben Handreibe oder mit dem Schnitzelwerk der Küchenmaschine mit der Scheibe, die nicht durchgängig die kleinsten Löcher hat, reiben. Den Parmesan auf dem Teller über die Soße geben.

Spaghetti Carbonara

Als du noch ein Kind warst, habe ich Spaghetti Carbonara mit viel Sahne und Creme fraiche gemacht. Weil das so fett war, gab es das nur an Heilig Abend. Dann habe ich irgendwann auf chefkoch.de ein anderes Rezept mit Eigelb entdeckt. Auch das ist keine Magerkost, aber lange nicht so fett wie das andere und vielleicht sogar leckerer.

Zutaten:

250 g Spaghetti
3 Esslöffel Rapsöl
4 Eigelb
50 ml Sahne
200 g roher Schinken
Ich nehme den preiswerten Schwarzwälder Schinken in der 200 g Packung. Gibt's bei REWE und Edeka.
1 Knoblauchzehe
1 Zwiebel
1½ gehäufte Teelöffel Salz
Pfeffer 14 Umdrehungen mit der Pfeffermühle
60g Parmesan am Stück

Zubereitung:

2 Liter Wasser, einen gehäuften Teelöffel Salz und einen Esslöffel Rapsöl in eine Topf geben und zum Kochen bringen. Die Spaghetti hinzufügen und bei niedriger Hitze 10 Minuten kochen. Die Spaghetti während dieser Zeit mindestens zweimal aufrühren, um zu verhindern, dass sie am Ende aneinander pappen. Nach zehn Minuten die Spaghetti in ein Sieb abschütten, nicht abschrecken.

Die Zwiebel und den Knoblauch schälen, den Schinken und die Zwiebel in kleine Stücke schneiden und zusammen mit zwei Esslöffeln Rapsöl in eine Pfanne geben. Wenn die Spaghetti noch 7 Minuten kochen müssen, die Pfanne erhitzen und Schinken und Zwiebel braten. Nach dem ersten Wenden von Schinken und Zwiebel den durch eine Presse gepressten Knoblauch dazugeben.

Den Parmesan mit einer groben Handreibe oder mit dem Schnitzelwerk der Küchenmaschine mit der Scheibe, die nicht durchgängig die kleinsten Löcher hat, reiben.

Einen Becher und eine kleine Schüssel nebeneinander stellen. Über dem Becher die vier Eier in der Mitte aufschlagen, sodass zwei etwa gleich große Schalenhälften entstehen. Das Eiweiß in den Becher tropfen lassen; darauf achten, dass das Eigelb in der Schale bleibt. Damit das Eiweiß völlig getrennt wird, das Eigelb, von der einen Schslenhälfte in die andere geliten lassen, bis das Eiweiß nahezu vollständig im Becher ist. Dann die Eigelbe in die Schüsel geben. Sahne, Peffer und gestrichenen Teelöffel Salz hinzugeben und mit dem Schneebesen verrühren.

Die Spaghetti in die Pfanne geben, die verrührten Eigelbe darüber und alles wenden.

Sind die Spaghetti auf dem Teller, Parmesan darüber streuen.

Spaghetti mit Paprika und Gehacktes

Zutaten:

3 Paprikaschoten
500g Tomaten
350g Gehacktes
200g Spaghetti
3 Esslöffel Rapsöl
1 Knoblauchzehe
1½ gehäufte Teelöffel Salz
2g edelsüß Paprika
2g Thymian
0,2 L trockenen Rotwein
¼ Tube Tomatenmark
1 Esslöffel Sonnenblumenöl
60g Parmesan am Stück

Zubereitung:

In einem Topf das Rapsöl auf höchster Stufe erhitzen und das Gehacktes darin anbraten. Die Paprika waschen, die „Deckel" der Paprika und im Innern das Weiße und die Kerne entfernen. Die Paprika in ca. 2 cm² Stücke schneiden. Den Knoblauch schälen, pressen und dem Gehacktes hinzufügen. Die Tomaten mit einem Mixer zerkleinern. Alle Zutaten außer dem Tomatenmark in den Topf geben und alles aufkochen. Danach das Tomatenmark in der Soße mit einer Gabel verrühren.

Gleichzeitig 2 Liter Wasser, einen gehäuften Teelöffel Salz und einen Esslöffel Rapsöl in einen Topf geben und zum Kochen bringen. Die Spaghetti hinzufügen und bei niedriger Hitze 10 Minuten kochen. Die Spaghetti während dieser Zeit mindestens zweimal aufrühren, um zu verhindern, dass sie am Ende aneinander pappen. Nach zehn Minuten die Spaghetti in ein Sieb abschütten und kurz mit kaltem Wasser abschrecken.

Den Parmesan mit einer groben Handreibe oder mit dem Schnitzelwerk der Küchenmaschine mit der Scheibe, die nicht durchgängig die kleinsten Löcher hat, reiben. Den Parmesan auf dem Teller über die Soße geben.

Spargel weiß

Zutaten:

1 kg weißer Spargel
100g Butter
1 gehäufter Teelöffel Salz

Zubereitung:

Die Enden der Spargelstangen, nicht die Spitzen, abschneiden und den Spargel mit einem Sparschäler schälen. Den Spargel mit dem Salz in wenig Wasser bei niedriger Temperatur 10 Minuten kochen. Gleichzeitig die Butter erhitzen, bis sie flüssig ist. Die Butter auf dem Teller über den Spargel geben.

Spinat mit Gehacktem und Bandnudeln

Zutaten:

800g tiefgefrorener oder 1 kg frischer Spinat – in der Regel schmeckt Tiefkühlgemüse   blasser als frisches. Bei Spinat sehe ich das nicht so. Deshalb verwende ich oft auch gefrorenen Spinat.

400g Rindergehacktes
200g Bandnudeln
1 Knoblauchzehe
1 Zwiebel
3 Esslöffel Rapsöl
0,2 L Sahne
0,2 L Wasser
1 gehäufter Teelöffel Salz
1 gehäufter Teelöffel Gemüsebrühe
Pfeffer die Pfeffermühle 16 mal gedreht
1 Bund Dill
60g Parmesan

Zubereitung:

Die Nudeln 10 Minuten bei niedriger Temperatur kochen in zwei Liter Wasser, einem gehäuften Teelöffel Salz und einem Schuss Sonnenblumenöl, in ein Sieb abgießen und kurz mit kaltem Wasser abschrecken.

Den frischen Spinat waschen und dunkle Stellen entfernen oder den tiefgefrorenen auftauen. Zwiebel und Knoblauch schälen, die Zwiebel klein schneiden und den Knoblauch pressen. Die feinen Blätter von den großen Stielen des Dills entfernen und klein schneiden.

Den Parmesan mit einer groben Handreibe oder mit dem Schnitzelwerk der Küchenmaschine mit der Scheibe, die nicht durchgängig die kleinsten Löcher hat, reiben. Den Parmesan auf dem Teller über die Soße geben.

Das Öl in einer Pfanne auf höchster Stufe erhitzen, das Gehackte knusprig braten und mit einem gestrichenen

Teelöffel Salz würzen. Nach dem zweiten Wenden die Zwiebel und den Knoblauch dazu geben.

In einem Topf den frischen Spinat 5 Minuten kochen oder den Tiefkühlspinat zum Kochen bringen. Sahne, Wasser, Gemüsebrühe, Salz, Pfeffer und den Dill hinzufügen. Kurz aufkochen, das Gehacktes auch in den Topf schütten und verrühren.

Spitzkohl

Zutaten:

1 mittelgroßer Spitzkohl
1 Zwiebel
1 Knoblauchzehe
0,15 L Wasser
1 gehäufter Teelöffel Gemüsebrühe
1 gehäufter Teelöffel Salz
Pfeffer, die Pfeffermühle 14 mal gedreht
80 g roher Schinken
1 Esslöffel Rapsöl
50g Butter

Zubereitung:

Vom Kohl braune Stellen entfernen und den Kohl klein schneiden. Den Strunk nicht verwenden. Den Kohl waschen. In einen großen Topf den Kohl, das Salz, den Pfeffer, das Wasser und die Gemüsebrühe geben und bei niedriger Temperatur ca. 20 Minuten kochen. Den größten Teil des Kochwassers abkippen.

Die Zwiebel und den Knoblauch schälen, die Zwiebel klein schneiden und den Knoblauch pressen. Den Schinken klein schneiden. Den Schinken, die Zwiebel und den Knoblauch in einer kleinen Pfanne 5 Minuten auf höchster Stufe braten und dann zusammen mit der Butter dem Kohl hinzufügen und gut durchrühren.

Noch besser schmeckt der Kohl, wenn er einen Tag vor dem Verzehr zubereitet wird.

Tafelspitz

Zutaten:

500g Tafelspitz
ca. 1 L Wasser
4 gehäufte Teelöffel Rinderbrühe
7 Nelken
2 Lorbeerblätter
1 gestrichener Teelöffel Salz
Pfeffer 14 mal die Pfeffermühle gedreht
2g Majoran
45g Sahnemeerrettich aus der Tube
45g Meerrettich aus der Tube

Zubereitung:

Alle Zutaten außer dem Meerrettich in einen Schnellkochtopf geben und ca. 1 Stunde 5 Minuten auf höchster Stufe kochen. Nur wenn das Fleisch lange genug kocht, wird es richtig zart. Gleichzeitig den Meerrettich in einer kleinen Schale mit einer Gabel verrühren. Der Meerrettich ist mir zu scharf und der Sahnemeerrettich zu mild. Die Mischung finde ich gerade richtig.

Tomaten Mozzarella Salat

Zutaten:

400g Tomaten, am besten Cocktailtomaten
20 frische Blätter Basilikum
3 Esslöffel Olivenöl
2 Esslöffel Balsamico Essig
1 Packung Mozzarella 100g
Salz
Pfeffer

Zubereitung:

Die Cocktailtomaten halbieren und mit der aufgeschnittenen Seite nach oben für jede Person einen Frühstücksteller füllen – man kann auch alles auf einer großen Platte anrichten.

Den Mozzarella in dünne Scheiben schneiden, die Scheiben in kleine Stücke zupfen und auf den Tomaten verteilen. Öl und Essig über die Tomaten und den Mozzarella geben, dann Salz mit dem Salzstreuer und Pfeffer mit der Pfeffermühle darüber geben. Die Basilikumblätter auf den Mozzarella legen, große Blätter halbieren.

Tomatensalat mit Schnittlauch

Zutaten:

500g Tomaten
Ich bevorzuge kleine Cocktailtomaten, da diese in der Regel geschmacksintensiver sind. Größere Tomaten schmecken auch, wenn sie gut durch gereift sind, was man daran erkennt, dass sie durch und durch rot sind. Insbesondere in den Wintermonaten ist von Tomatensalat aus größeren Tomaten abzuraten.
1 kleine Zwiebel
halber Bund Schnittlauch
Pfeffer 12 mal Mühle gedreht
½ gestrichener Teelöffel Salz
2 Esslöffel Oliven- oder Rapsöl
1 Teelöffel Branntweinessig

Zubereitung:

Die Tomaten in daumengroße Stücke, den Schnittlauch und die Zwiebel klein schneiden. Alle Zutaten in eine Schüssel geben und vermischen.

Weißkohl mit Rindergehacktes und Kartoffeln

Zutaten:

3 Fünftel Kopf Weißkohl;
meist ist ein Kopf zu viel für zwei Personen. Dann mache ich an einem Tag dieses Gericht und mit dem Rest des Kopfes an einem der beiden nächsten Tage Weißkohlsalat.
4 Kartoffeln

350g Rindergehacktes
3 Esslöffel Rapsöl
1½ gehäufte Teelöffel Salz
Pfeffer, 14 mal die Pfeffermühle gedreht
6 Nelken
2 Lorbeerblätter
1 gehäufter Teelöffel Gemüsebrühe
2g Majoran
0,2 L trockener Weißwein
0,2 L Wasser

Zubereitung:

Kartoffeln siehe Salzkartoffeln.

Den Weißkohl in zwei Stücke zu 2 Fünftel und 3 Fünftel teilen. Die 2 Fünftel in den Kühlschrank legen, den anderen Teil in 5 gleich große Stücke schneiden und mit dem Schnitzelwerk der Küchenmaschine zerkleinern. Die Scheibe mit einem Spalt von 4 mm verwenden.

Das Öl im Schnellkochtopf erhitzen und darin das Gehacktes anbraten. Alle Zutaten dazu geben, den Schnellkochtopf auf die höchste Stufe bringen und dann die Herdplatte abstellen. Wenn der Schnellkochtopf sich wieder öffnen lässt, gut durchrühren.

Diese Rezept ist lange nicht so aufwendig wie Kohlrouladen, schmeckt aber fast genauso gut.

Weißkohlsalat

Zutaten:

2 Fünftel Kopf Weißkohl
80g geräucherten, durchwachsenen Speck
1 Zwiebel
1 gestrichenen Teelöffel Salz
Pfeffer 14 mal die Pfeffermühle gedreht
3 Esslöffel Rapsöl
1 Esslöffel Brandweinessig

Zubereitung:

Den Weißkohl in zwei Stücke zu 2 Fünftel und 3 Fünftel teilen. Die 3 Fünftel in den Kühlschrank legen, den anderen Teil in 4 gleich große Stücke schneiden und mit dem Schnitzelwerk der Küchenmaschine zerkleinern. Die Scheibe mit einem Spalt von 4 mm verwenden.

Den zerkleinerten Weißkohl in einem Topf mit wenig Wasser kurz aufkochen, dann das Wasser abgießen und den Weißkohl in eine Schüssel geben.

Gleichzeitig den Speck in einer Pfanne mit einem Esslöffel Öl ca. 5 Minuten braten, die Zwiebel schälen und mit braten.

Den Inhalt der Pfanne zu dem Weißkohl geben, die restlichen Zutaten hinzufügen und gut durchrühren.

Wenn man den Weißkohl ca. eine halbe Stunde vor dem Servieren aufkocht, ist er, wenn er auf den Tisch kommt, lauwarm. So schmeckt er am besten.

Wirsing Auflauf

Zutaten:

1 eher kleiner Kopf Wirsing
4 Kartoffeln
125g geräucherter, durchwachsener Speck
1 Zwiebel
1 Knoblauchzehe
2 Esslöffel Rapsöl
0,1 L Sahne
200g geriebener junger Gouda
1 gehäufter Teelöffel Salz
1 gehäufter Teelöffel Gemüsebrühe
Pfeffer 12 mal die Pfeffermühle gedreht

Zubereitung:

Den Wirsing klein schneiden, waschen und unabgetropft in einen großen Topf geben. Wirsing ist roh sehr voluminös, fällt aber beim Kochen in sich zusammen. 0,1 L Wasser, Salz, Pfeffer und Gemüsebrühe hinzufügen und ca. 11 Minuten kochen. Den größeren Teil des Kochwassers abschütten, den kleineren zusammen mit dem Wirsing in eine Auflaufform geben.

Zwiebel und Knoblauch schälen, Zwiebel klein schneiden und den Knoblauch pressen. Den Speck im Öl braten und nach dem zweiten Wenden Zwiebel und Knoblauch hinzufügen.

Die Kartoffeln schälen und in ca. 3 ccm große Stücke schneiden und in einem separaten Topf 9 Minuten bei kleiner Temperatur kochen.

Zuerst die Kartoffeln, dann den Speck und die Sahne und zuletzt den Käse über den Wirsing geben und 5 Minuten in den auf 200 Grad vorgeheizten Backofen backen.

Der Auflauf schmeckt besser, wenn er einen Tag vor dem Verzehr zubereitet wird. Dann vor dem Servieren 12 Minuten im Backofen bei 200 Grad, Käse streuen und noch mal 5 Minuten im Backofen backen.

Zaziki

Zutaten:

300g griechischer Joghurt
½ Salatgurke
2 Knoblauchzehen
1 gestrichener Teelöffel Salz
Pfeffer 12 mal die Pfeffermühle gedreht
2g Oregano

Zubereitung:

Die Gurke schälen und mit einer groben Raspel oder dem Schnitzelwerk der Küchenmaschnine mit der Scheibe mit den großen Löchern raspeln. Die Gurke in einer Schüssel ca. 10 Minuten liegen lassen, bis sie Flüssigkeit absondert. Den Knoblauch schälen und pressen. Die Flüssigkeit der Gurke abgießen, die Gurkenraspel in einem Küchentuch abtrocknen und dann wieder in die Schüssel geben. Alle anderen Zutaten hinzufügen, gut durchrühren und 5 Stunden im Kühlschrank ziehen lassen.

Zucchini mit Rindergehacktes und Bandnudeln

Zutaten:

1kg kleine Zucchini
350g Rindergehacktes
200g Bandnudeln
0,2 L Wasser
0,2 L Sahne
2 gehäufte Teelöffel Salz
1 gehäufter Teelöffel Gemüsebrühe
1 Knoblauchzehe
2g Oregano
3 Esslöffel Rapsöl
1 Esslöffel Sonnenblumenöl
60g Parmesan am Stück

Zubereitung:

Die Nudeln 10 Minuten bei niedriger Temperatur kochen in zwei Liter Wasser, einem gehäuften Teelöffel Salz und einem Schuss Sonnenblumenöl, in ein Sieb abgießen und kurz mit kaltem Wasser abschrecken.

Die Zucchinis waschen, deren Enden abschneiden und sie in ca. 5 mm dicke Scheiben schneiden. Den Knoblauch schälen und pressen.

In einer großen Pfanne das Rapsöl auf höchster Stufe erhitzen, das Gehacktes darin anbraten und nach 2 Minuten die Zucchini und den Knoblauch dazu geben und weiter ca. 8 Minuten braten. Dann alle restlichen Zutaten außer dem Parmesan hinzufügen, kurz aufkochen und durchrühren.

Den Parmesan mit einer groben Handreibe oder mit dem Schnitzelwerk der Küchenmaschine mit der Scheibe, die nicht durchgängig die kleinsten Löcher hat, reiben. Den Parmesan auf dem Teller über die Soße geben.

Zucchini mit Schweinefilet und Bandnudeln in Currysauce

Zutaten:

1 kg Zucchini
400g Schweinefilet
200g Bandnudeln
1 Zwiebel
1 Knoblauchzehe
200g Schmand
0,2 L Wasser
1 gehäufter Teelöffel Gemüsebrühe
3g Curry
3 Esslöffel Rapsöl

Zubereitung:

Die Nudeln 10 Minuten bei niedriger Temperatur kochen in zwei Liter Wasser, einem gehäuften Teelöffel Salz und einem Schuss Sonnenblumenöl, in ein Sieb abgießen und kurz mit kaltem Wasser abschrecken.

Vom Schweinefilet die weiße Haut entfernen und es in ca. 2 ccm große Stücke schneiden.

Die Zucchinis waschen, deren Enden abschneiden und sie in ca. 5 mm dicke Scheiben schneiden. Den Knoblauch und die Zwiebel schälen, den Knoblauch pressen und die Zwiebel zerkleinern.

In einer großen Pfanne das Rapsöl auf höchster Stufe erhitzen, das Fleisch 3 Minuten anbraten, die Zucchini, den Knoblauch und die Zwiebel hinzufügen und weitere 7 Minuten braten. Die restlichen Zutaten dazu geben und verrühren.

Impressum:
© 2020 Hoffmann, Volker
Herstellung und Verlag: BoD -
Books on Demand, Norderstedt
ISBN: 9783751999106

FSC
www.fsc.org

MIX

Papier aus ver-
antwortungsvollen
Quellen
Paper from
responsible sources

FSC® C105338